堪对暮云归未合，远山无限碧层层。

——雪窦禅师

谨以此书献给我的母亲赵秀兰

张爽——著

《道德经图》及创作札记

老子畫語

中国书店

图书在版编目（CIP）数据

老子画语：《道德经图》及创作札记 / 张爽著 .

北京 : 中国书店 , 2025. 1. -- ISBN 978-7-5149-3680-

3

Ⅰ . B223.1-49

中国国家版本馆 CIP 数据核字第 2024E32J14 号

老子画语：《道德经图》及创作札记

张爽　著

责任编辑：赵小波

出版发行：中国书店

地　　址：北京市西城区琉璃厂东街 115 号

邮　　编：100050

电　　话：（010）63171753（总编室）

　　　　　（010）63171797（编辑室）

　　　　　（010）63171857（发　行）

印　　刷：北京精彩世纪印刷科技有限公司

开　　本：889 毫米 × 1194 毫米　1 / 16

版　　次：2025 年 1 月第 1 版第 1 次印刷

印　　张：15

字　　数：184 千

书　　号：ISBN 978-7-5149-3680-3

定　　价：158.00 元

张爽，北京人。字清爽，笔名娲那。

毕业于中央戏剧学院，硕士学位。

画家、诗人、编剧、主任编辑。

代表作

1998年策划编辑出版《芥川龙之介作品集》小说、散文两卷，并为此套书创作插图。

2003—2005年为燕京神学院创作大型壁画《睦》。

2003—2010年画《食指肖像》。

2012年出版诗集《绿苹果》（作家出版社）。

2013年出版专著《变革媒介时代的新式新闻》（北京日报报业集团同心出版社）。

2016—2018年画《道德经图》。

2019年画《圆明园诗社》。

2024年，作品被选入中央戏剧学院"编剧理论与创作实践"专业研究生剧作选，并出版剧作与论文集《上帝的点心匣子》（作家出版社）。

《老子画语》序

    这部书的内容主要包括两大部分：第一部分是《道德经图》，有八十一幅抄写了《道德经》经文的国画；第二部分是《道德经图》创作札记，是我创作《道德经图》的背景记录以及对特殊绘画技法"彩点皴法"的一次小结。

    如果把《道德经图》当诗看，每一幅画都仅只是我念诵《道德经》的情感记录。

    如果把这部书当戏剧看，《道德经图》就是舞台布景，创作札记是剧本。

    但无论它是一部戏剧还是一部诗集，全书意象中的主人公——我的妈妈，都是缺席的。缺席意味着我的全部作品与我们母女之间的关系是模糊的——它看上去就像是我一个人创作的。这既是无限的遗憾，又是最大的慰藉。

当我偶然间看到《老子道德经河上公章句》[1]中"出生入死"的释义时，即使当时我对这四个字只有浅薄的理解，但直觉告诉我《道德经》能帮我渡过许多难关，让我魂魄安定。我开始动手画《道德经图》只是为了寻求平静。但完成它，却是因为有很多师友一直在加持我，尽管他们中很多人并不知道我在画《道德经图》。

这是一次自我教化的缓慢经历，历时两年多。我从无法接受母亲走后生活上的剧变到试着不计时间成本地学习——如果不亲身体验，我不敢说：读《道德经》，我获得了帮助。

我是诗人，我知道所有诗的意象的根源都是道。《道德经图》中的每一幅画，都只不过是画可画，非常画。

我将这部完整地记录了我的一段寻找好好生活的方式的书献给我的母亲，她老人家的慈德一直是我判断事物的基石。

---

[1] 本书所使用的《道德经》文本为中华书局 1983 年 8 月版《老子道德经河上公章句》。

目录

第一单元

丙申冬日・以观其微

珠子到山水
（2016年11月11日——2016年12月31日）

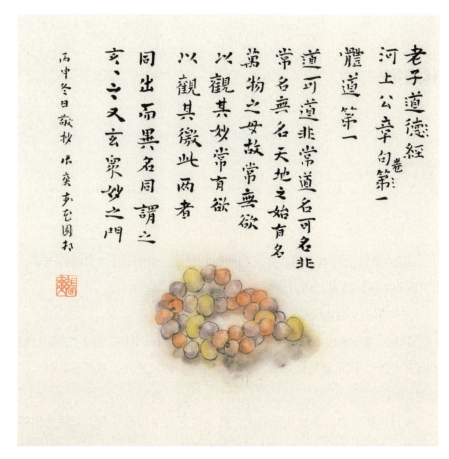

老子道经河上公章句卷一

体道第一

道可道，非常道。名可名，非常名。无名，天地之始；有名，万物之母。故常无欲，以观其妙。常有欲，以观其徼。此两者，同出而异名。同谓之玄。玄之又玄，众妙之门。

体道第一

2016年是我的本命年。夏天到秋天发生了三件事儿：7月妈妈走了，8月我画的壁画被毁，10月公公走了。

三件事三个月内发生，得是有一股暗力量的。

我从6月开始抄《地藏经》，祈求菩萨保佑妈妈平安。到了7月底，妈妈走的当天，我才清楚地知道，菩萨一直在护佑的是我。菩萨不是别人，正是妈妈。

8月，那股暗力量越来越强大。我当时因为给妈妈送行，无暇知道壁画被毁。是妈妈挡住了射向我的这支灾难毒箭。

10月，我和丈夫在山东又送走了公公。

在短短两个多月里，那股力量夺走妈妈，夺走公公，夺走我歌颂青春的一幅壁画。

妈妈说过，她走后最不放心的是我。

10月初，我跑出公公病房，孤单一人在青州、滨州、博山一带失魂落魄地瞎逛。当时在博山收集琉璃珠子本毫无目的，仅仅因为琉璃色彩好看。后来想到，那是妈妈为了帮我，用极端方式逼迫我到那儿喘口气的。

10 月中旬，送走公公。之后的那段时间，动手串珠子成了我暂获安宁的劳作。借着这个庇护，我串了一些朴实无华的众生平等念珠，完全不是为了好看。所谓众生平等念珠，就是把大小比较一致的珠子串成简单一串，不限数目，没有"佛头"。这些珠串跟小时候与小伙伴们用草珠串的珠串很像，朴素得像20世纪70年代的样式，只是多了些咒语般未来世界的色彩。我在琉璃厂买了和纸，一一画下它们。这些简单的小画，就像生死之间一根快要断开的丝线，暂时还连接着我们母女。

我想尽力保护那根线，不让它断。那也是妈妈拼尽全力，用母性守护了一生一世的信念。那些日子，每当夜深人静，只要我清晰感觉到这根线在轻轻震颤，就本能地躲开走过来的魔鬼。

因心力交瘁，串珠子、画珠子很缓慢。做这些事儿当然镇不住那股暗力量。该来的，我一次都没躲过去。我知道，那根线就要断了。

秋近冬时，我的抑郁越来越重。几个月里，同时开着好几本书，却一本都读不进去。

一天，无意翻到《道德经》一句"出生入死"[1]。看了几遍《老子道德经河上公章句》的释义，对这四个字的理解是：魂魄安静，情绪、欲望放下为生状；反之，被情绪、欲望搅扰不安为死状。

那股暗力量惊心动魄，那一线断了，我基本是死状。我得自救。

那些天，我放下所有事情，磨磨蹭蹭读《道德经》，只觉字字平常，句句惊心。

---

[1] 贵生第五十。

画珠子让我开始主动地一点点平息惊魄，可仍旧不算重回生状。

日本纸虽好，但为了笔墨意趣，我还是很快改用宣纸画珠子，并在画上抄写正在读的《道德经》经文。一幅画上抄一章。

既然开始画了，我就打算放开画，不限于只画琉璃串的念珠，一切顺其自然，只要带着我们母女的气息就好。事实是，妈妈的气息越来越少，只剩下我的气息。渐渐地，与其名曰我在悼念妈妈，不如说，我越来越想在画画和抄经的过程中让一切顺其自然。

从和纸回到宣纸，顿感亲切。松烟、胭脂、花青、藤黄、蛤粉……鼓捣得好就是画，鼓捣不好就是垃圾。

世间万般美，万般恶，万般神秘莫测，但只与我听闻、感知的一刻有关。我在抑郁中仅剩的一点点摆脱恐惧的意志就是顺其自然。我开始一幅接一幅地画力所能及的小画。反正我对暗力量无能为力。摆脱不了，就先与之共生。从十一岁开始，我就清楚地感觉到它的威胁，却不知如何摆脱，更不知要等到妈妈走后才能找到一扇众妙之门。

養身第二

天下皆知美之為美斯惡已
皆知善之為善斯不善已
故有無相生難易成相
短相形高下相盈音聲
相和舜後相隨是以聖人
處無為之事行不言之教
萬物作而不為始生而不有
為而不恃功成而弗居夫
唯弗居是以不去

丙申冬日
奕

养身第二

天下皆知美之为美，斯恶已；皆知善之为善，斯不善已。故有无相生，难易相成，长短相形，高下相倾，音声相和，前后相随。是以圣人处无为之事，行不言之教。万物作焉而不辞。生而不有，为而不恃，功成而弗居。夫惟弗居，是以不去。

养身第二

　　仔细想想，我和妈妈之间的矛盾挺多的，多到每一次吵架，如果不是我们理智尚存，都会演变成《晚安妈妈》那样一出悲剧。每次回家，我心中都忐忑不安，小心翼翼。

　　举个小例子，我所喜欢的那类衣服，妈妈老说穿着邋遢得像捡破烂儿的。我穿着那类衣服回家，妈妈就会奚落我，她觉得很丑，不美。我很拧，从没依过她的意思穿衣服。我们母女在穿衣分歧上闹的不愉快都能写一出喜剧了。妈妈的看法，对我心理影响其实非常大，大到比咒语还大。有些衣服被她咒一次，我就不敢再穿了。

　　可是，大约 2012 年左右，妈妈忽然送给我两件用家里各色剩毛线拼织的毛衣。她用心良苦，从不当着我面织这两件毛衣，是为了给我一个惊喜。

　　她送我两件毛衣那天，我挺纳闷儿的。她指着毛衣上的蓝线说："这是你的幼儿园。"又指着红线说："这是你的小学。"还指着黄线和棕线说："这是你小时候的毛裤。"

邻居家阿姨、姐姐那天正好来家里串门，都说：花那么大功夫，干吗不买新毛线织啊。

妈妈答说："我闺女喜欢旧东西，她是我们家捡破烂儿的。"

知我莫如她。但她总装作不知我。自长大以后，上述这么愉快的时刻，在我们母女之间不是没有，而是很少。

没想到，妈妈最后，中了自己的魔咒。

妈妈从2012年她七十岁开始就嘱托我："我走的时候，别给我穿羊毛、丝绸、羽绒、化纤类的衣服。我只穿棉布的。"

我说："那怎么行，至少也得穿一件暖和的羊毛大衣。"

妈妈有些着急："我可不想下辈子做牛羊，我要变虫子、小鸟。"

妈妈的理由让我挺吃惊的，就记下了。

妈妈走的前几天，急诊室的顾主任告诉我，得做好临终准备了。我突然想起她的嘱托，急得一筹莫展。现做是来不及了。我又不想让妈妈穿着旧衣服走。她一辈子把穿衣当作仪式一般重视，闹不好，我得辜负妈妈了。

7月中旬，妈妈大概觉得自己大限已到，突然一字一句对我说："别忘了给我买条裙子，我好飞得快。"

我当时正好穿的是她不喜欢的那种布裙子，顿时有要飞的感觉。

那天下午，我去了我常买衣服的那家店，给妈妈买了全套行装：小紫花斜襟儿布棉袄、黑布松紧带衬裤和棉裤、月蓝花布斜襟儿衬衫、大花布长裙、布香囊、布钱包、布手帕……都是端庄素艳、宽大舒适、顺手可用、手工棉布的汉族服饰、物品。

我精挑细选，让三个美丽的店员帮我翻箱倒柜两个多小时，总算凑齐了，真是非常喜欢。可我明明知道妈妈肯定不喜欢，但已经来不及跟她商量了。

没办法啊，全北京，我能想到的，能买到全套纯棉布行头的地方，只有这儿了。

无论如何，妈妈走的时候，我是按照我的想法，打扮了她一回的。猛一看，躺在棺椁里的人哪是妈妈，那明明是我嘛。我等在炉边，几乎是在等着收自己的骨灰。这个想法简直把我折磨透顶。也好，恐惧一占上风，悲伤就少了一些。

这之前，我在妈妈身边守了三天两夜。看着透明冰棺中安详躺着的妈妈，我笃信，她肯定会坐起来骂我给她置办的寿衣的。今生今世怎么也想不到，即便给她守灵，我心里都是暴风骤雨的，想着怎么对付她。

妈妈走后，那股暗力量无处不在。我和妈妈联合起来的力量也镇不住。朋友们和丈夫善良的帮助是太阳的光明。当时陪我守灵的人、来看望我的人，有新朋友也有老朋友。他们都自带巨大的能量场。

给妈妈穿了她不喜欢的寿衣，内心纠结一直未能平息。不过，这些年，我几乎只到那家服装店买衣服，那是一种能真切感受到的隐秘又奢侈的忐忑温暖。

安民第三

不尚賢使民不爭不貴
難得之貨使民不為盜
不見可欲使民心不亂
是以聖人之治虛其心
實其腹弱其志強其骨
常使民無知無欲使夫
智者不敢為也為無
為則無不治

丙申冬日 英

安民第三

　　不尚贤，使民不争；不贵难得之货，使民不为盗；不见可欲，使心不乱。是以圣人〔之〕治，虚其心，实其腹，弱其志，强其骨，常使民无知无欲，使夫智者不敢为也。为无为，则无不治。

安民第三

妈妈最后的十几年，只戴我送给她的一对简朴的小耳钉。这副耳钉是她六十岁生日那天，我们一起到蓝岛大厦挑的。除了耳饰，很少见妈妈戴过别的首饰。她也不再接受我送给她任何这类礼物。

我呢，又是相反，喜欢珠链、镯子、胸针。妈妈从不点破我贪婪，只说我"啰哩啰唆一大堆"。

妈妈把家里的白玉凤凰送给我的理由是放着也没用。另外，我二十二岁那年她在王府井工艺美术大楼给我买了一条漂亮的松石项链，理由是颜色配我。这两样，太珍贵，我几乎藏着不戴。

有一次搬完家，两样宝贝我都找不到了，沮丧万分地告诉妈妈，我把它们弄丢了。妈妈说："劳什子，丢了省心。"后来发现它们被我放在一个皮包的夹层里，又高兴地告诉妈妈找到了。

我二十七岁出嫁时，妈妈把她手工修模烧制的琉璃冰箱、箭筒都送给了我，因为只有我喜欢。

妈妈赠予我的上述四样东西，是我的珍宝。

但妈妈其实不喜欢我戴松石、戴玉。她喜欢我朴素、清爽的样子。

1995 年，我去西藏，买到一些老松石。在高原，好的松石比金子还贵，被视为灵石。最美的松石，颜色堪比晴朗的纳木错，沁人心脾。

回到家，我不敢跟妈妈说为了买松石，把钱都花光了。以至于后来因为怕她看见那些松石，我见她时不敢戴。

我还买了一些玉石，也很少戴。现在想来，松石一串足矣，美玉一块足矣。是我太贪婪了。

我在妈妈面前会老老实实保持朴素状，很少戴让她看了觉得啰哩啰唆的首饰去见她。以至于后来开始痴迷于朴素到极致的理念。

每当我看见美玉、珠子，首先想到的都是这些事物是否与妈妈匹配。然而，一切似乎都止于那对耳钉。而属于我的那些松石、玉石，再也没找到过她送给我的那条松石项链和那块明代的白玉凤凰的意味。

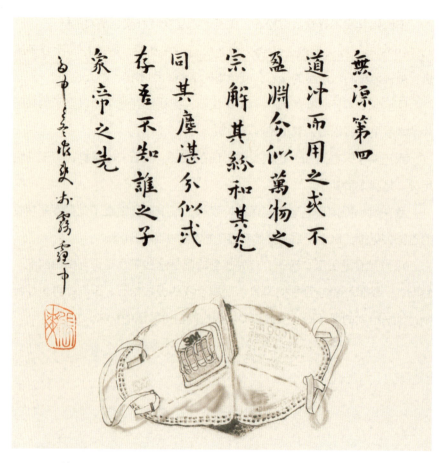

無源第四

道沖而用之或不
盈淵兮似萬物之
宗解其紛和其光
同其塵湛兮似或
存吾不知誰之子
象帝之先

无源第四

道冲而用之，或不盈。渊乎似万物之宗。挫其锐，解其纷，和其光，同其尘，湛兮似若存。吾不知谁之子，象帝之先。

无源第四

画了几张设色珠子之后，我用墨画了一个口罩。口罩纯粹是一件日常用品，我把它们放在一进门的桌子上。

在医院中，急诊室顾主任叮嘱妈妈戴口罩，叮嘱我们也要戴口罩，尤其正在发烧的我必须戴，否则会把流感病毒传染给免疫系统彻底崩溃的妈妈。但是夏天太热，我守着妈妈，总不戴口罩。

妈妈果真发起了高烧。我才乖乖戴口罩了，用冰袋给妈妈降温。终于退烧。

妈妈走后，剩下很多没用过的医用口罩，拿回家也代替不了防雾霾口罩，毫无用处，但我还是都带回家了，作为跟妈妈最后在一起的日子的纪念品。怎么也没想到，到了庚子年根本不够用，又买了好多。

小时候，我嗅觉超强，一下大雾就说好臭。当时用的是妈妈亲自做的纱布口罩。

宣纸上的口罩是用墨画的。墨与宣纸最亲，只有在宣纸纤维的吸收过程中，才会呈现层次感。

自然万物都有五行属性。墨也不例外。

墨，《说文解字》："从土从黑，黑亦声。"

墨的会意是黑土。黑，许慎说："火所熏之色也。从炎，上出囟。囟，古窗字。凡黑之属皆从黑。"就是说持续不断的火从烟囱拔出，留下来的熏黑之物为黑。古代的煤指烟灰，进而引申指墨。所以在未用骨皮胶揉成墨之前，墨的主要原材料就叫烟煤。

墨是火生土，做成墨块，用水研磨，写到纸上。造字者给予它"土"的属性，可见古人看问题之深入。因此墨的质，五行属土。土克水——水走墨留而成书画。书画家用墨不光观其形，最主要的是究其质。比如是否是顶烟，是否是最好的盏烟。材质好坏决定墨色好坏。

五行说有"形大于质"的理论。墨一般认为是黑色的。所以，尽管墨本质是土，六书造字，赋予它也是土的属性，但根据"形大于质"理，其形为黑色，黑色属水，所以墨的主要五行属水。

大多数人认为墨是黑的。墨只是接近黑，但不是黑。五行中把看上去基本是黑色或者深蓝色的东西都算属水。好的松烟墨大多浓者深冷苍灰，淡者冷紫灰（黛色）；好的油烟墨，浓者深暖黑，淡者暖紫灰。无论淡墨是灰还是褐，都是土色。

就色泽来说，墨色的五行也是复合型的——浓墨趋于纯黑，淡墨趋于苍灰、暖褐色。即水、土两个属性兼有。

总之，墨的五行质属土，形属水，形大于质，因而墨的主五行是水不是土。质、形属性土、水，正是为了我们要用墨达到的结果——丰富、有层次的墨色。

　　用水墨画口罩，可以表达我对妈妈的愧疚。毕竟那次发高烧又一次摧毁了妈妈的身体。无论是不是我传染给妈妈的，我都内疚不已。

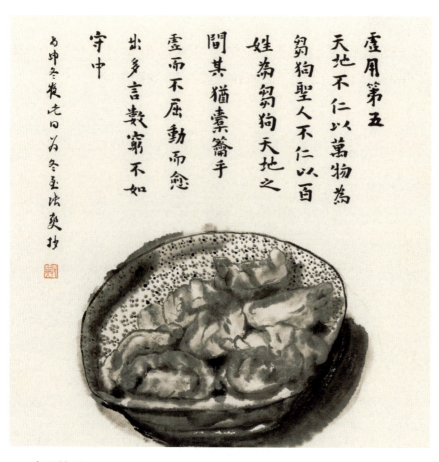

虛用第五
天地不仁以萬物為
芻狗聖人不仁以百
姓為芻狗天地之
間其猶橐籥乎
虛而不屈動而愈
出多言數窮不如
守中

壬辰冬月為冬至法爽抄

虚用第五

　　天地不仁，以万物为刍狗；圣人不仁，以百姓为刍狗。天地之间，其犹橐籥乎？虚而不屈，动而愈出。多言数穷，不如守中。

虚用第五

2016年12月21日，星期三，冬至，我和PP（我爱人）决定晚饭做韭菜鸡蛋馅饺子。

妈妈已走了将近五个月了。公公走了两个多月。我们好久没开火做饭了。白天PP上班，我串珠子、画珠子，顶多煮一点粥。那段时间，PP晚饭吃了会睡不着觉，所以，我们过午不食。

这是我们几个月来第一次准备吃晚饭，也是我们结婚以后第一次做饺子。

去年此时，我还回家吃饺子呢。那时妈妈体弱，已经做不动饺子了，我跟妈妈吃的是速冻饺子。从此以后再没吃到妈妈做的饺子。

妈妈做饺子有两个禁忌。我小升初考试前一天，吃的是韭菜馅饺子，第二天因为闹肚子，没考好数学。妈妈从此再没做过韭菜馅饺子。另外，爸爸牛羊肉过敏，家里所有锅碗瓢盆一律不能沾上一丝牛羊肉味儿。所以妈妈从不做牛羊肉馅的饺子。

7月底之后，我因为被暗力量拿住，人越来越蔫儿，时常半夜一大哭就喘不上气来。PP失去父亲，异常悲痛，人被一股重阴气笼着，再加上夜里经常被我的哭声吵醒，白天还要去上班，脸色深灰。据说亲人死亡的气息会扭曲活人的容貌。反正我们俩都脱形了。

PP每天一早6:30就出发去上班。冬至这一天，我照例在门口送他。他幽幽地说："我刚才梦见一位青衣女子向我走来，说：'跟我走吧。'"

我腿发软："你答应了？"

PP："没来得及，闹铃响了。"

我帮他系好围巾，叮嘱他："下次她再来，什么都别答应。"

PP："好吧。"

上午想到青衣女子就坐立不安。下午去超市买韭菜回家的路上，突然看见前面有一位老太太走着走着，跳了几下恰恰的舞步，吓我一跳，妈妈六十岁以后特别喜欢恰恰。老太太虽然只跳了几下，但那真太像妈妈了。尤其梗着细长的脖子的那个像孔雀的背影，让我失去理智。再仔细看，她个头、胖瘦、衣着、发型、围巾都跟妈妈的很像。我本能地快走几步，超过老太太，偷偷回头看。她戴着墨镜，围巾和领子几乎蒙住了整个脸，墨镜都像妈妈平时戴的。看不见老太太的脸，我有点儿不甘心。正巧，老太太遇见一熟人，停下来打招呼，说了几句话，摘了一会儿眼镜。我在街角的水果摊停下来，假装买水果，仔细看着不远处两个老人邂逅。我模模糊糊看见妈妈消瘦的脸和与别人说话时善意的笑意盈盈。我情不自禁地走过去，直到发现那个老太太是丹凤眼、眉毛画得很重才停下脚步。我赶紧掏出手机做出假装要打电话的样子，从老太太身边走过。只听身后那个老太太说："老董啊，年底了，我刚才一直被贼惦记着。你也要留神啊。"

晚上和PP一起择韭菜，跟他说起此事。他说他在地铁里看见一老头，背影和步履都跟他父亲很像。我问他看清长什么样了吗，他说他不想追上去看。

屋子里飘满韭菜和面的香气，我们包的饺子不好看，通共不到五十个饺子，还破了好几个，我们都吃得很少，大部分都剩下了。吃完饺子，我开始研墨。照着碗里的饺子，画了"虚用第五"。

韭菜馅饺子阳气重，最适合至阴的日子吃。那天夜里，我和PP都睡得很安稳。

冬至，逢壬数九，真正的严冬到来了。

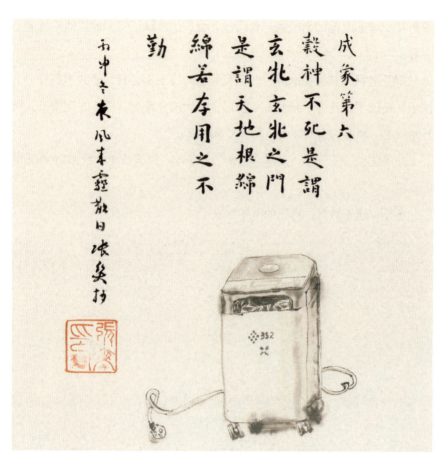

成象第六
谷神不死，是谓玄牝。玄牝之门，是谓天地根。绵绵若存，用之不勤。

成象第六

星期天，风不来，霾不散。PP从网上买了一台空气净化器。我们开了一整天，家里空气似乎的确清新了一些。

PP买空气净化器是因为我连续好多天老是喘不上气来。正好一位朋友推荐说有个牌子好，他就买了。

我是个不得不关注呼吸状况的人。二十三岁那年夏天，突然觉得喘不上气来，出现濒死的感觉，被送进医院。从那次起，我时断时续出现濒死感。间隔长的，好几年出现一次，间隔短的，一个月几次。往往都是夏天发作。发病的时候每次去医院，什么也查不出来。

2007年夏天，状况比较严重，竟然到了浑身痉挛的地步。我当时怀疑是不是急性癫痫。那天我到医院立即被送到抢救室。大约到了凌晨4点左右，一位中年女医生和一位实习小医生走进抢救室，让我叫亲属或朋友来。我说都睡觉呢，别叫了。当时想给妈妈打个电话，又怕吓着她。两位医生在确认我自己可以交费的情况下，也没再要求我必须叫人来。

那个实习小医生对我很好，她问我几天没出门了。我说大约四五天了。她说她两天不出门就会崩溃。她断定我的病是因为老不出门形成郁积造成的。

空调很凉，我跟她说我有点冷，她给我把被子往上拉到脖子，还轻松调皮地说了一句："盖脖儿。"

大约7点左右，我觉得一切恢复正常，就问她，我能不能回家洗澡睡觉。她说，这样最好。

我从抢救床上爬起来，去交了所有费用。

跟小医生告别时，她有意无意地问我："您去安定医院看过没？"

我问："真有这个必要吗？"

小医生同情地点了点头："您不是说您每次出现状况都检查不出病吗？"

我认同她的话："还真是。"

类似这样的情况不知后来又发生多少次，状况来无影，去无踪。但我从没对妈妈说过。

妈妈最后那些日子因为红细胞骤减，甚至到了呼吸极度困难的地步，几乎靠一周输一次血活着。奇怪的是，那些日子，我在医院着急、熬夜、发烧，那么紧张，也没出现一次状况。妈妈走后几周内，心痛，却也没有过那种状况。直到秋天，公公去世前，我看见老人家身上贴着和妈妈一样多的电极，插着和妈妈一样多的管子，突然就喘不上气来了。好多事情再回头看一眼都会受不了。

因为呼吸偶尔发生障碍，我伴着恐惧活着，小心翼翼地呼气和吸气，小心翼翼地不让别人看出这些可笑的小心翼翼。濒死的感觉次数多了，突然领悟到，我死不了。

　　有多少次，刚进入肆意创作的佳境，濒死感突然从天而至。每一次被它攫住，都是一种打磨吧。渐渐地，小猴子的心脏变成了小麻雀的心脏。小猴子一想筋斗云，小麻雀就嘲笑小猴子不会飞。

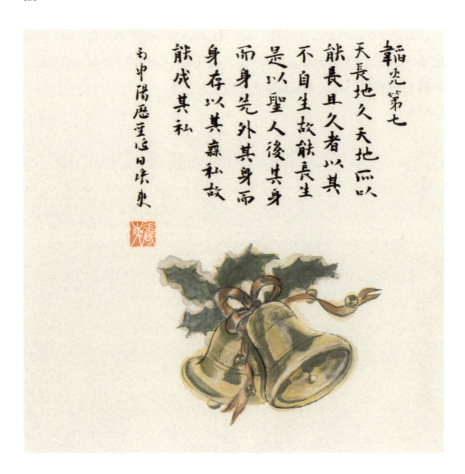

韬光第七

　　天长地久，天地所以能长且久者，以其不自生，故能长生。是以圣人后其身，而身先；外其身，而身存。非以其无私耶？故能成其私。

韬光第七

公公走了以后，PP很消沉。他尽量在我面前打起精神，但几乎不太说话。

PP本来有个法宝。他在国外工作时，如果心绪波动得厉害，就抄《金刚经》，抄着抄着就会平静下来。但是这些日子，他企图用老办法让自己好受些，可是一点儿不管用了。

2015年，我和PP一起在北京佛教文化研究所佛教培训班学习，但未皈依。

2016年11月初到12月中旬，北京佛研所再办禅修班。PP一个人每个周末去广化寺禅修。回到家，他继续诵经，我仍旧画《道德经图》，看书。我们各忙各的，谁也不跟谁多说一句话。

12月18日，PP结束了禅修。但他似乎陷入更大的痛苦。我看了他的结业讲演词，上面有一行赫然醒目的字："此刻不悟，更待何时？"我心想："莫非这家伙开悟了？"

12月24日，正好是周六。我提议去个教堂看看，一般平安夜教堂都会有唱诗活动。PP不忍心拒绝我的请求，就勉强答应了。

傍晚，我们来到通州的杨庄教堂。一进门就看见小院被布置成伯利恒的小旅馆，还做了一处马厩，甚至还有一个能放得下一个婴儿的石槽子。最有意思的是，院子里的灯光是紫色荧光，它使小院子显得又神秘又寒冷。我们问一位紫色荧光中若隐若现的女义工平安夜有没有活动，义工的脸在紫色中显得充满了圣洁的光，她说圣诞日有一场节目，欢迎我们来观看。她的声音让我觉得见到了天使。

25号，我画了两只圣诞铃铛，抄了"韬光第七"。

那天傍晚，我和PP去杨庄教堂看节目。我们去得比较早，坐在第五排。不一会儿，教堂里便座无虚席，来了很多附近的居民和信徒。所谓节目，主要是唱诗班的合唱队为大家唱诗。我和PP用一本诗歌。我看见PP一直一边哭一边听诗。公公去世后，PP一直没哭过，这会儿，他终于哭了，而且一直在哭，像个知道自己错了的小孩。

我们看完节目，回家路上，PP郑重地对我说："我决定信教。"

我问："为什么那么快就定了？"

PP异常平静地回答我："我今天看到了一种我想看到的人的精神状态。"

我说："那我不信行吗？"

PP小声地"嗯"了一声。

我心里有些慌。

易性第八

　　上善若水。水善利万物而不争，处众人之所恶，故几于道。居善地，心善渊，与善仁，言善信，正善治，事善能，动善时。夫唯不争，故无尤。

易性第八

还有三天就元旦了。PP元旦放假期间要回山东几天。我趁他上班，准备去琉璃厂中国书店买书。

人生很短暂，修炼自己，需要觉悟、志趣、勇气。没有精神生活的人，很难理解圣人。

有一次，我在微信群中问钟阿城老师："《道德经》中的'圣人'是指什么样的人？"

阿城老师回答："圣人就是人中表率。比如老子、孔子、释迦牟尼，都是圣人。"

对画者而言，圣人是精神的引路者。

我在中国书店买了《石涛画语录》，想从今往后，只画和精神有关的画。

又要过节了。这次我再也没妈妈家可去了。

妈妈曾说过："过节就得有个过节的样儿。"

　　这话我后来还听史铁生说过。有一次过圣诞节，我和几位朋友到铁生家吃火锅。我看见在房间一角的一个小桌子上，铁生将朋友们寄来的贺年卡全都摆放出来，那简直是他亲手布置的一个童话世界。我像钻入其中迷路的小鹿，欣赏着这片幸福奇幻的小卡林。铁生在我身后一边操控轮椅转身，一边小声絮叨："过节就得有个过节的样儿。"

　　这句话，像个魔咒，在2017年这个没有妈妈的第一个新年救了我。《石涛画语录》是我送给自己的精神纪念品。

　　石涛并不是当时的正统，当时的正统是"清六家"。但石涛却同样用了不起的笔墨创造出山水画的新领域，他的构图充满诗意并趋于抽象。他深深受到"元四家"的影响，就连他的书法都受到倪瓒的影响，但他的书画都有自己的面目。石涛并非独立创造和改变一切，山水笔墨像如来佛的手心，谁也逃不出去，他也是站在了巨人的肩上。他在很湿的纸上画画。这个技法也并非他的发明，中国木版水印版画在印刷环节中，纸必须是湿的，只有这样，墨和色彩才最饱和。这个原理早已被大画家们发现并用在他们的画中。

　　人们很少发现，石涛有一张他题款承认仿某某人的作品。这一点与沈周、王原祁甚至陈洪绶等人形成鲜明对比。但是，石涛是董其昌主张的创造精神的最好领悟者，这是显而易见的。"四僧"中他甚至比八大对创新更有激情。他也是用色高手，他的水墨用色饱满、透明、生动，我尤其喜欢他学范宽的那些湿漉漉的彩点，和他的渲染一样生动自然。

　　打开《石涛画语录》，第一章中的一句话打动了我："行远登高，悉起肤寸。此一画收尽鸿蒙之外，即亿万万笔墨，未有不始于此而终于此，唯听人之握取之耳。"

　　我从一笔一画地画《道德经图》开始，从一笔一画地抄《道德经》开始，从未想过要收尽鸿蒙之外，从未想过要画亿万笔墨才能完成这个开始。看了石涛的话，才明白，始于此，终于此，全在于我自己。

　　精神修炼之作，就从这幅仿梅花道人的山水开始吧。

运夷第九

　　持而盈之，不知其已。揣而锐之，不可长保。金玉满堂，莫之能守。富贵而骄，自遗其咎。功成、名遂、身退，天之道。

运夷第九

　　老子到底长什么样，没人知道，甚至有人怀疑是否确有其人。很多大书的作者对考据学者来说都是谜。最不可思议的是《太史公书》，虽然被权威学者钱大昕好不容易讲得清楚明白了，是根据"礼"以官称代替人名，并且是司马谈与司马迁父子二人的心血，但他的观点还不是又再次被钱穆等学者推翻了？

　　而《道德经》的作者问题，比《太史公书》的作者问题更复杂，更难考证。老子是否确有其人？这件事在史学界、考据学界是太难弄清楚的了。或者说，到底有几个人可能是老子？这个问题现在还无解。

　　我画《道德经图》的前提是：《道德经》的作者就是老子，而且他就是那个传说中西出函谷关之前著《道德经》的人。

　　为了表明我的立场，我仿照陈洪绶的《隐居十六观》之十四，画了老子。亦向我心目中人物画宗师陈老莲致敬。在我看来，国画大家中，人物画能雅极而稚的，只有陈老莲。

　　清以前的人物画，除了画僧人、隐者，似乎从来没画过秃头人物。即便陈老莲画秃头，头上也是要画小黑点的。

老子思考人与自然与神的关系问题是非常辛苦的。作为大学者和周朝图书馆馆长，他是秃头也说不定。

"君子死，而冠不免。"[1] 此礼对于君子、圣人很重要。但是，夜深人静之际，在最私密的空间中思维、写作、溜达，当然不用戴帽子。

哲学家在思考难题时应该是最美的。不论他们个儿高个儿矮，是胖是瘦，一头秀发还是秃头，不论他们衣衫朴素还是华丽，不论他们年轻还是衰老，都是美的。他们在精神世界徜徉，专注而智慧，连神都会觉得他们是美的。

老子思考的是道和道所显现的德。

还有一天就是元旦。我画了这幅老子。

我已经试过多次，给很多朋友看这幅画，当然没人认为这就是老子。即便题款是"运夷第九"，也没人看出来。这不是很好嘛。

画中老子是位中年男子，便服、秃头，手拿素绢的扇子，衣着朴素，神情肃穆。他在激烈地思考问题，但从容不迫，稳如巨石。

古代圣人像都有点丑。答案太简单了，就是"礼"。要把最美的、最对称的、最从容的、最高规格的面容留给神。画人，要丑一点儿。陈老莲深悟此"礼"。他笔下的竹林七贤、隐士、高僧丑得都有些变形了，但却很有书卷气。同时代与陈洪绶同样深蕴此道者，只有伦勃朗。

其实，画圣人就是画他们的精神。画凡人也是。5世纪末谢赫在其《古画品录》中认为人物画"六法"第一条就是"气韵生动"。自古以来

---

[1]《史记·仲尼弟子列传》中子路死前说的话。

它就是人物画的最高境界。但是，如果只理解到这一层还是务虚。什么叫"气韵生动"？具体地说，就是要把一个凡人在某一瞬间的独特魅力画出来。比如画一个女孩，要把只有她才有的某种打破平衡的姿态画出来，才能叫气韵生动。

再看看石涛落地的说法，他只强调创作者的主观感受："夫一画含万物于中。画受墨，墨受笔，笔受腕，腕受心。如天之造生，地之造成，此其所以受也。然贵乎人能尊，得其受而不尊，自弃也；得其画而不化，自缚也。"也就是说，画者得相信自己的感受，这样才能充分表现画者的内在精神。换句话说，画人物的境界是画出画者与被画者精神世界交叠的部分，我想这是气韵生动背后真正的意思。

神有神的威严，人有人的尊严。这是道显示的德。

第二单元

新年·以观其复

梅花

（2017年1月1日—2017年1月5日）

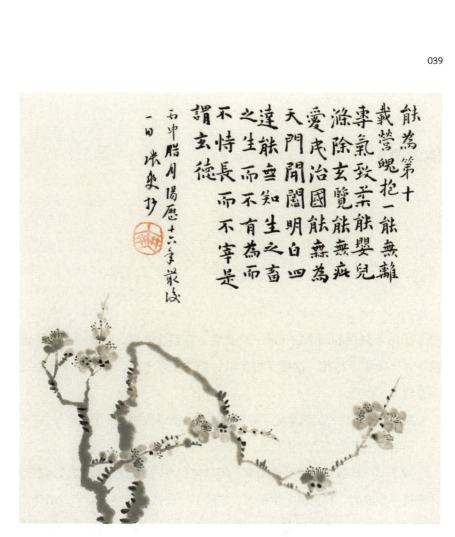

能为第十

载营魄。抱一，能无离，专气致柔，能婴儿。涤除玄览，能无疵。爱民治国，能无为。天门开阖，能为雌。明白四达，能无知。生之、畜之。生而不有，为而不恃，长而不宰，是谓玄德。

能为第十

2016 年最后的两个白天和一个夜晚，我都没睡觉，在餐桌上铺上大毡子，一幅幅画梅花。浪费了很多纸，扔掉了好多画。我为画不好梅花而羞愧。

生我之前，妈妈说她梦见了好看的梅花。所以我的第一个名字是梅。

但实际上，除了奶奶和妈妈，很少有人叫我梅。

我小学一年级，就已经改叫爽。但从梅到爽的心理扭转，应该是最近才不得不完成的。我记得入学那天，老师第一次喊我名字，吐字不清楚，叫成"张傻"，我都不知道到底叫的是不是我，但我还是答应了。因为奶奶嘱咐过我，老师叫"张爽"我一定得答应，再加上从来也没人这么叫过我，所以我警惕地听着老师点名。

我上学的前几天，爷爷送给我一本《四角号码字典》，他用了一点点时间教会我查字典的口诀，让我背下来，我大概半小时就已经背得滚瓜烂熟了。那天下午，爷爷仔细教会我怎么用口诀查字典。然后用我的名字考了我。我一会儿就查出张爽两个字。爷爷很高兴，说我读书没问题，让我把张爽两个字自己写在本子上。我当时已认识很多字，却是第一次写我的名字。所以当听见差不多像"张爽"的"张傻"时，我因为自己也刚学会写爽字，就没跟老师计较。但是，这造成我对这位语文老师的不信任，当她教我们用部首查字典时，我觉得那根本不用学就会。小学期间，我只用四角号码查字典，我实在觉得部首查字典太慢了。这是我人生第一次对汉字教育产生怀疑。

《现代汉语词典》到了第六版，竟然废除了四角号码查字法，对我来说，就少了最称手的工具。

除了在寄宿幼儿园的三年生活（老师也叫我梅），从小到大，我的经历可以概括为三座大院：罗家大院（东城区一条胡同名，现已被拆）、故宫宿舍大院（芳草地赦郭堂18号大院，现也被拆）、车公庄西路35号院（外文局宿舍大院）。对我来说，纯粹的北京大院是前一座。后两座大院的共同点是机关宿舍。第三座，北京人很少。在前两座大院里，我是梅。在最后一座大院里，我是爽。

如今，妈妈走了，没人再叫我梅了。"载营魄。抱一，能无离。"我的两个名字一个伴随着我身体的成长，一个伴随我精神独立。两个名字储存了岁月的讯息，记载了我的转变。它们对我不离不弃。那些浪得的虚名，对于它们，都是梦幻泡影。

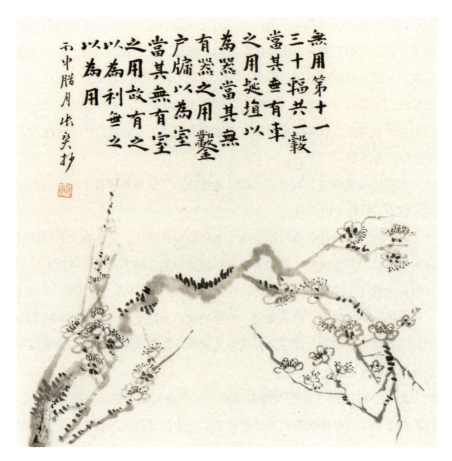

无用第十一

　　三十辐共一毂，当其无，有车之用；埏埴以为器，当其无，有器之用；凿户牖以为室，当其无，有室之用。故有之以为利，无之以为用。

无用第十一

我四个月大的时候，妈妈把我放在奶奶床上，她就去上班了。奶奶不想抱我，因为我是女孩儿，奶奶想抱孙子。

奶奶说，那天我哇哇哭了一整天也没人理我。我哭得直捯气儿，奶奶掐住我人中一分多钟，我才缓过来。奶奶开始喂我牛奶。她领教了我的哭功，从此，我一哭，奶奶就害怕。

不久以后，妈妈怀了二胎，就很少来看我了。奶奶就是我的妈妈。

这是我在罗家大院幸福生活的第一阶段。

我四岁时，去了寄宿幼儿园。因为有很多小朋友，基本还算不想家。但大多数时候看着别的家长天天接送孩子，我总以为奶奶会把我接回家，从没以为那个接我走的人会是妈妈。

从幼儿园出来，果真是奶奶又接纳了我。我跟着奶奶上小学，接送我的是奶奶。操心我三餐冷暖的，也是奶奶。

偶尔妈妈来奶奶家看我，我总觉得她很陌生。大约就是看到一位严肃、漂亮的女士来奶奶家串门的感觉，挺新鲜的。我对她就像对生人一样羞涩，也不记得靠近她亲近一番过。好在总是过一会儿她就走了，我就又可以跟小朋友跳皮筋儿、欻拐去了。偶尔，被接回家住一天，也像个来串门的亲戚家小孩，晚上被安排在客厅一个人睡，不跟妈妈睡一屋，夜里十分害怕。所以我对回不回妈妈家根本不在意，更是从没想过她会把我接回家。这是我在罗家大院幸福生活的第二个阶段。

罗家大院（已改建）分两部分，东西向胡同部分和从东西向胡同分叉出来的S形胡同部分。奶奶家在S形部分，这里坐落着大约六七个小院子，非常安静。奶奶家住在靠西南的小院里，这个院落大门口因为有一条凹进去的通道，离胡同的主道很远，所以特别安静。院儿里住着六户人家。邻里关系很好。胡同的这个S形部分偏南方向的西口对着的罗家大院南北向胡同，是罗家大院主干部分，包括大约八九个院子。出这条胡同的南口，就是豆瓣胡同（已改建）的东西段，二姑妈家就住这条胡同里。居委会所属的大院、煤铺、总参的一个宿舍院都坐落于这条胡同的西边。我们都管总参大院叫"总参"，里面住着文职军人。罗家大院S部分的东口是豆瓣胡同南北段，它往北，接续上东门仓（已改建）、南门仓胡同（已改建）。南门仓北口的马路对面是陆军总院，里面也住着很多文职军人。我们的小学叫东门仓小学（已搬迁），是个很大的四合院，生源就是由周围胡同里的孩子、两个军队大院的孩子组成的。豆瓣胡同南北段的中间部分是回民区，南端通朝内大街，所以我们小学的回族孩子特别多。东门仓小学后来搬迁到朝内大街后，就干脆叫回民小学了。

什么是区分胡同里的孩子和军队大院里的孩子的主要标志呢？很简单，就是口音。军队大院里的孩子口音五花八门，而胡同里的孩子一水儿的东城话。

罗家大院的孩子们其实不太习惯周围两个军队大院的孩子，觉得他们虽然光怪陆离，但其中有的很"野蛮"，喜欢欺负人。

奶奶其实更反对我去两个军队大院玩。通常，胡同里的孩子们很抱团。我们偶尔去一趟军队大院，也要躲着那些大院里的"小混混"，不论他们怎么号召我们跟他们一起玩，我们都尽量不理他们。

后来看《阳光灿烂的日子》，非常吃惊，天啊，电影中的很多小孩，不都是我们小时候根本不搭理的那些"小混混"吗？

"三十辐共一毂，当其无，有车之用。"学校里，我们这些不同民族、不同背景的孩子，虽然年龄很小，却自然懂得存而不同，彼此留有空间。时代这个轮轴把我们聚在一起，共同前行、成长，共同成为一代人。

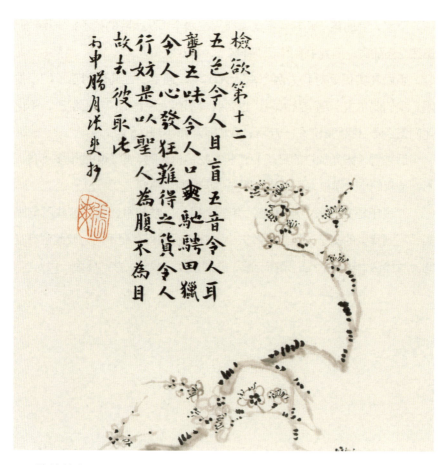

檢欲第十二
五色令人目盲五音令人耳
聾五味令人口爽馳騁田獵
令人心發狂難得之貨令人
行妨是以聖人為腹不為目
故去彼取此
丙申臘月張史抄

检欲第十二

　　五色令人目盲，五音令人耳聋，五味令人口爽，驰骋田猎，令人心发狂，难得之货，令人行妨。是以圣人为腹，不为目。故去彼取此。

厌耻第十三

宠辱若惊，贵大患若身。何谓宠辱？〔宠为上〕，辱为下。得之若惊，失之若惊，是谓宠辱若惊。何谓贵大患若身？吾所以有大患者，为吾有身。及吾无身，吾有何患？故贵以身为天下者，则可寄于天下，爱以身为天下者，乃可以托于天下。

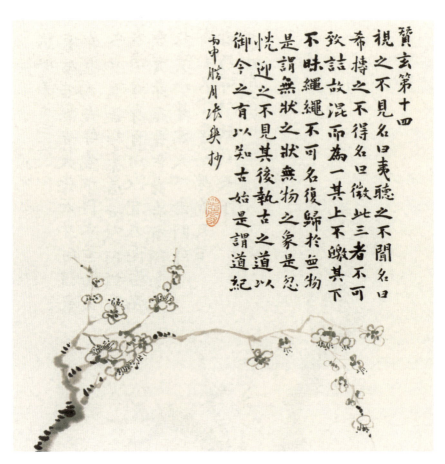

赞玄第十四

视之不见名曰夷，听之不闻名曰希，抟之不得名曰微。此三者不可致诘，故混而为一。其上不皦，其下不昧。绳绳不可名，复归于无物。是谓无状之状，无物之象，是为忽恍。迎之不见其首，随之不见其后，执古之道，以御今之有，以知古始，是谓道纪。

赞玄第十四

在奶奶家，我经常和小伙伴们玩到不着家。吃晚饭的时候，奶奶总是在胡同里到处喊我，我才不得不跟着奶奶回家吃饭。每次奶奶都会数叨我几句才能平息对我贪玩的不满。问题是，回到家里，我还得等半天，因为奶奶还得到别的院子里去叫回没完没了下象棋的爷爷。奶奶从来不数叨爷爷，爷爷脾气很倔，只要奶奶说他一句不是，他就三天不回家吃饭，宁可每天吃烧饼也不回家吃饭，然后很晚才回家，一句话不说就睡觉。第二天天一亮就离开家，绝不跟奶奶打一声招呼。直到他平息了余怒，才又开始正常在家吃饭。我见过三次爷爷这么发脾气惩罚奶奶。后来，我主动接替奶奶，吃饭前去叫下象棋的爷爷。我可不想让奶奶再受爷爷的气。

有一次，我看爷爷不服输，还要再下一盘，就嘟囔了一句："爷爷，别下了，再下奶奶做的饭就凉了。"

爷爷本来输棋就不高兴，听了我的话，气上加气，回答我："你回去告诉你奶奶，我不吃了！"

那天，爷爷干脆晚上都没回家睡觉，奶奶好不担心。后来的结果是，我怕奶奶伤心，在胡同里找到正在下象棋的爷爷，承认自己说错话了，我当时态度好着呢，这是为了奶奶。

在罗家大院的日子里，我越来越发现奶奶和爷爷间有自己的游戏，我改变不了啥，就也不再放在心上，专心和小伙伴们玩耍了。

不可思议的是，妈妈在我十岁的一天，突然把我接回家了。我记得大半年内，都吃不惯妈妈做的饭，比起奶奶做的饭，妈妈做的饭实在太难吃了。我情绪低落到无法与新同学交流，转学以后第一个学期的学习成绩差到数学倒数第一。好在我当时有月票，每个周末都坐两站109路汽车，回奶奶家吃一顿饱饭。每次我都不想再回家住了，但已被转学到妈妈家那边的学校，星期一还要上学，不得不回。另外，我最怕黑夜，我一个人睡客厅，夜里经常会被黑暗吓得不敢闭眼。我后来总是夜里开灯睡觉，这个习惯一直保持到现在。从那时开始，我就心生不安，这种不安伴我度过很多岁月。直到我离婚之后，渐渐开始独立，不安才转变为刻骨铭心的生存繁忙。

搬回故宫宿舍大院后，我面临着两道儿童社交的关卡。一道如上所述，在学校，我没有一点兴趣跟新同学交流；另一道就是在大院里，我很难融入孩子们的娱乐生活当中去。总之，我失去了所有小伙伴。大院像一个稳定的大家庭，我只不过是一个暂时回来探亲的小孩。小朋友们虽然对我很好奇，但他们的关系结构很稳定，哪波儿人都不带我玩。

好在，我很忙，一方面我回到妈妈家不久，就在朝阳体校开始每日一早一晚的游泳训练；另一方面，我每周还要去三次日坛的少年宫，接受严格的舞蹈训练。这两项训练都持续了很长时间，它们几乎断绝了我与大院里的小朋友们在课外进行有效交流的机会。对于大院里的孩子们来说，我从来都是局外人。这也基本上是我在妈妈家的状况，体校和少年宫把我的课外时间填充得满满的，每天吃完晚饭，还要做功课，几乎没什么时间跟家人过多交流。这也养成了我自己提出问题自己想办法解决的习惯。一开始没有大人帮助很痛苦，但自己解决问题毕竟有小小的成就感，是一种正向的能量积累。渐渐地，回奶奶家再也不哭着要她把我接回来了。

　　我后来自愿融入妈妈的生活，并不是我们在情感交流方面有多融洽，而是我情绪稳定下来之后，开始观察妈妈家的生活。妈妈真的很美，她所能做的所有事情都让我羡慕。可是，不知为什么，小小的我，当时就觉得，在这个家里，妈妈很危险。她当时总是和父亲吵架，随时都有可能离婚。另外，她对弟弟的爱，用力过猛，我不但不羡慕，而且非常明白她的那种爱和奶奶的慈悲是两回事。奶奶从来不惯纵我为所欲为，该说就说，我实在不听话时，甚至还用笤帚疙瘩打我屁股。

　　我当时对妈妈陷入深切的刻骨的同情。不知哪来的自信，我觉得我的能力比妈妈强，父亲和弟弟不能把我怎样，我必须要保护妈妈，不论她对我怎么样我都要保护她。内心的这个翻转，我从没对妈妈说过，直到把她的骨灰放入一个我亲自选定的骨灰盒里，直到她被埋入张家祖坟，我就搬进离那里不远的点点居一边继续守着她，一边喝茶、画画。

　　我跟妈妈的矛盾，是我从小不跟她在一起生活造成的，她后来想扭转我的一些看法已经来不及了。但现实生活中，我上学、考试、游泳、跳舞、画画、写字、去看奶奶……我实在没空再计较妈妈对我的种种不满。

妈妈上班、种花、做饭、洗衣服、开家长会，姥爷自杀、姥姥病故、舅舅病故……她操心的事太多了，实在没空跟我深入沟通。她的生活已经是一笔糊涂账，我做好她的护持金刚就好。

写到这里，我突然因小时候执拗地要保护妈妈的愿望捧腹不已。保护妈妈的愿望是真的，但其中也有我幼稚的主观意志。命运是上天的安排，我又能改变什么呢。我感慨，幸亏我没跟妈妈说过这些。

"迎之不见其首，随之不见其后。"很多事情是要到了某一特殊时刻才能大彻大悟。妈妈走后，我才发现失去保护的是我。她活着的时候，是我的护持金刚才对。我十岁她才把我接回家大概有她的道理。或者说，我们母女互相保护也是天命。我失恋的时候、离婚的时候、抑郁的时候、受挫折的时候，只有妈妈在我身旁护着我。她嘱咐我，这样的时候，要穿得比平时更漂亮。我一直在照她的话做。

无论如何，我看到或偶尔发现的那些有可能对她引起致命伤害的秘密，从没跟她说过。小小的我，安安静静地竭尽全力地守护着她。

我在妈妈家里待过7年。这7年里，奶奶家从罗家大院搬到安贞桥，故宫宿舍大院从平房变成楼房。它后来归属于铁道部，变成了一个有很多陌生面孔的小区。这些变化对我的影响都不大，虽然我非常喜欢那个满处是鲜花的大院，但我一直就是这个大院的局外人。我唯一卷入的事件就是全力保护妈妈，我做得不是很好，但我尽力了，尤其是操碎了我的心。

告别了奶奶、妈妈，告别了两座已经消失的大院。我怎能轻易忘记那个笨拙成长的梅？但我终于成了朋友们熟悉的爽。

后来，我有了工作，有了自己的家，我生活在第三座大院里——外文局宿舍大院。对我来说，从十岁到十八岁，想交个朋友很难。但我后来有很多朋友。我的朋友们都是天兵天将。

在第三座大院里，我已自如金刚，可以保护自己和更多有奇妙思想的人，可以为人妻，为人徒，为人友。可以与己为师，为徒，为友。

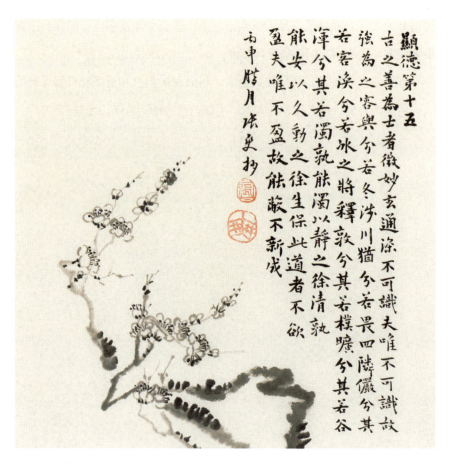

显德第十五

古之善为士者，微妙玄通，深不可识。夫唯不可识，故强为之容。与兮若冬涉川，犹兮若畏四邻，俨兮其若客，涣兮若冰之将释，敦兮其若朴，旷兮其若谷，浑兮其若浊。孰能浊以〔止〕静之，徐清？孰能安以久动之，徐生？保此道者，不欲盈。夫唯不盈，故能蔽不新成。

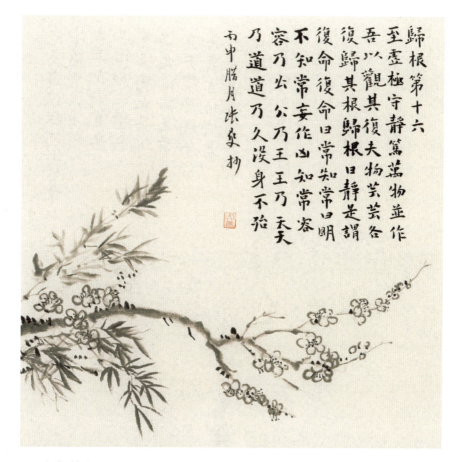

归根第十六

至虚极，守静笃，万物并作，吾以观其复。夫物芸芸，各复归其根。归根曰静。是谓复命。复命曰常。知常曰明。不知常，妄作，凶。知常容。容乃公。公乃王。王乃天。天乃道。道乃久。没身不殆。

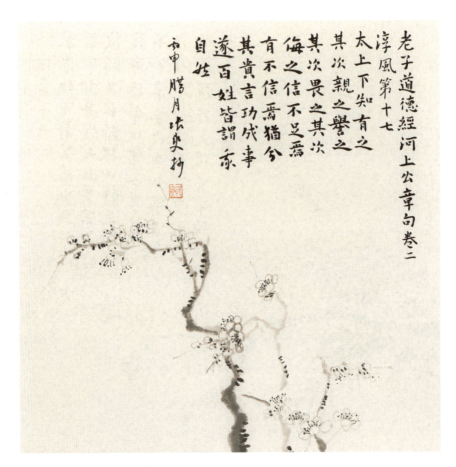

老子道经河上公章句卷二

淳风第十七

太上，下知有之。其次亲之誉之。其次畏之。其次侮之。信不足焉，〔有不信焉〕。犹兮其贵言。功成事遂，百姓皆谓我自然。

俗薄第十八

大道废，有仁义；智慧出，有大伪；六亲不和，有孝慈；国家昏乱，有忠臣。

第三单元

丙申年末·见素抱朴

大觉寺和花
（2017年1月10日—2017年1月19日）

還淳第十九
絕聖棄智民利百倍絕仁棄
義民復孝慈絕巧棄利盜賊
無有此三者以為文不足故令
有所屬見素抱樸少私寡欲
丙申臘月瑞爽

还淳第十九

绝圣弃智，民利百倍；绝仁弃义，民复孝慈；绝巧弃利，盗贼无有。此三者，以为文不足，故令有所属。见素抱朴，少私寡欲。

还淳第十九

　　我一直用的是妈妈为我手工缝制的竹笔帘卷毛笔。我去日本也买过一卷好看的笔帘，和妈妈做的一比，简直俗爆了。我把日本笔帘送给了一位朋友，同时觉得这样不好，我学着妈妈做的笔帘的样式又做了一帘，也一并送给了这位朋友。

　　妈妈做的笔帘是用浅褐色极细竹子帘加工而成的。妈妈用和竹帘相近的褐色绸带包了边。同色细线仔细缝纫的针脚，密密麻麻、整整齐齐地布满了笔帘的四周。竹子与绸带，浑然一体。两条比较长的绸带缝制在笔帘卷边两侧，笔卷起来后，两条绸带交叉捆绑住卷进毛笔的帘卷，系成发出淡淡微光的绸带蝴蝶结，特别好看。每次写字、画画，打开笔帘，就是一次小小的优雅的仪式。

　　说到妈妈做笔帘，就又想起小时候的很多事儿。上初一时，我们学校的美术老师徐铁生不知为什么坚信我就是画画的料。他说服妈妈让我跟他学画画。徐老师为我一个人开了课外美术班。每逢周三、周六下午放学后，我都要跟着老师学素描。后来开始画色彩时，徐老师直接教我画油画，他传授给我许多技法。比如要通过补色使颜色更厚重，这个办法非常好用，过程虽然复杂，但效果好。开始学画时，我都用徐老师的纸张、画框、画架和颜料。只要我画，徐老师就高兴。他给我带来他的各种画册看，有西方的，也有东方的。我最重要的作业是看展览，幸好当时的展览不多，大多在美术馆。

我很羡慕徐老师的画箱，就跟妈妈提出我也要一个。妈妈参考了美术馆对面的百花画材店卖的油画箱和徐老师的油画箱，自己做了简单设计，就请木工为我做了一个，特别小巧精致。徐老师除了送给我一些颜料，还为我准备了一小瓶调色油、一小瓶松节油、三支油画笔，还有一小块儿本来他自己用的后来一直我在用的调色板。这些东西把小画箱塞得满满的。调色油和松节油，是老师找了两个小瓶子，从他的大瓶子里倒出来的。当时我学画是不用花钱的。我从不记得买过颜料，用的都是老师的。小画箱里的一切都属于我，我是先爱上我的小画箱才离不开画画的。

我每次到徐老师的画室上课，都只带过去家里的几张废报纸，撕成小方块儿，给徐老师画箱里放一些，给我的小画箱里也放一些。蘸着松节油用报纸擦笔和洗笔是徐老师教我的，他还说松节油不是好东西。我当时一点不明白他的意思，直到我懂得慎用松节油时，才发现，徐老师教我的每一句话都是很关键的。后来我画油画，都还一直用报纸擦笔，但换成蘸洗笔液，不再用松节油了。每次课结束，我都负责清理画室地上一大堆擦过笔的报纸块儿。我还负责清理我和老师的画板——给没用完的颜料滴上一小滴调色油，和稀，这样可以防止下次画画时颜料变干。这个办法我现在不再用了，改成每次用画刀将调色板上剩下的颜料一股脑铲进一个盛剩颜料的不锈钢小罐子里，再倒上一点油，当灰颜料用。

徐老师带我到日坛公园写生之前，先让我临摹了一张他在日坛公园的写生。我到了日坛，他还让我画同样一个场景。那天画完后，我立即明白什么是写生了。写生就是徐老师和我看到的完全不一样。每当我画完一幅画，徐老师都要心满意足地端详半天，然后帮我改。他所改动的地方，就是我要学习的地方。徐老师会把我的每一张画都装入他准备的几个多功能框子里的其中一个，挂在画室墙上一段时间，鼓舞我。这些画总在换，因为我总在进步。

有的时候，徐老师的学生会来画室看望他。他们都是在徐老师指导下考上艺术院校的。他们来，徐老师会特别高兴地把我介绍给他们。可我那时就想，我是不会和师哥师姐们一样的，我不想像他们那样只学艺术，我要学很多。后来，我的确学了很多，但最后，还是掉进了徐老师给我挖好的艺术大坑里了。不过，我还是和师哥师姐们不太一样，他们认为画画就是画画，我认为画画可不只是画画。

高中毕业后，我把小画箱放在紫光电影院美工小谢的工作室里，后来就丢了。小谢是比我大五六岁的朋友，他毕业于艺术院校，他的大幅电影广告画得特别棒，都是用水粉画。每次换海报，他都要撕毁前一张，从不留着。小谢经常在朝阳区工人俱乐部开绘画班。工人俱乐部离妈妈家很近。只要是他开班，我就可以随时去和他的学生们一起画画。小谢很腼腆，他话不多，学生有问题，他从来都用做示范解决。不知为什么，后来，小谢辞职了，他在东四开了一个服装摊儿，我去找他玩，他比以前还要腼腆。他一直为把我的画箱丢了而内疚。我说我正好不画画了，他就更内疚了。他在紫光电影院的时候，工作室特别大，我们经常在一起切磋画艺，他对我毫无成见，什么都教我。他在他的工作室还给我画过一张头像。我从妈妈家搬走后，那幅头像也找不到了。小谢画油画喜欢把第一遍画的全部刮掉，留个底色，过一两天再画。我的头像他大概画了一周，当时正好放暑假。后来，东四也找不到小谢了，我们彻底失去联系。我也再没买过画箱，因为画材店卖的，都不如妈妈设计的那个小巧好用。

高中时代，除了寒暑假去到美院附中上假期里的绘画班，我几乎不画画了。但我的画常年在学校橱窗里展出。这很令人害臊。每天上下午经过校门口到教学楼的长长那一路，都不得不来来回回看见自己的画四次，我知道我画得太不好了，尤其同班同学有时抽冷子指着我的画说"看，咱们班张爽画的"，我都会一哆嗦，心惊肉跳的，觉得他们是在嘲笑我。高中功课多，每次见到徐老师，他都不再要求我画画，只谈谈他自己的创作。有一次，他说他在做雕塑，需要很多胶泥，我们约着到当时正在建设的亚运村工地去挖些胶泥。但后来可能他怕影响我学习，就没让我去跟他一起挖胶泥。

我工作以后还去过学校看望徐老师，但他已经退休了。当年他给我上课的那间工作室，就是那间原来墙上挂满了神奇的图片和我们的作品的小屋子，已面目全非，变成了塞满器材、到处都是传输线的广播室。

我照着妈妈做的笔帘又缝过两三卷，一个没留，都送朋友们了。为了区分是妈妈做的还是我自己做的，我用紫色或绿色的绸带包边。外出写生时，它是护身符，它在，风吹雨打我都能画好。因为一直用，细竹棍儿都变得微红了，更好看了。要是能找到徐老师，送给他一卷我亲手做的笔帘该多好啊。

用着妈妈做的笔帘，想起当时高兴地看着她缝最后两条捆绑绸带，我为她纫针，她右手中指上戴着顶针，鼻子上夹着老花镜，一针针刺探地躲着坚硬的竹子，从细小的缝隙间穿针引线，将绸带结结实实地缝在笔帘的两边。我跟她聊一些家里的琐事，聊着聊着，她就嫌我唠叨了，扔下笔帘，撂给我一句："有完没完啊？你还没老成我这样儿呢。"

我捡起扔在沙发上的笔帘，发现妈妈已经缝完了，高兴得根本听不见她的数落。她见我不吭声了，又抢过笔帘，卷成一卷，然后用她刚缝上的绸带把笔帘绑得紧紧的，又系了一个美丽的蝴蝶结。横竖欣赏了几眼，埋怨我说："缝这么个劳什子，快累死了，你学着自己干吧。"那是妈妈为我做的最后一件宝贝，从那以后，我的确什么都得学着自己干了。

很快，妈妈连缝笔帘的力气都没有了。每次回家看她，她靠在床上，我坐床边的椅子上，跟她聊天、闹别扭。我们后来吵完架、闹完别扭，我都会在回到家的时候，立刻给她打电话，一来报个平安，二来向她道个歉。要不她会沮丧到睡不着觉。

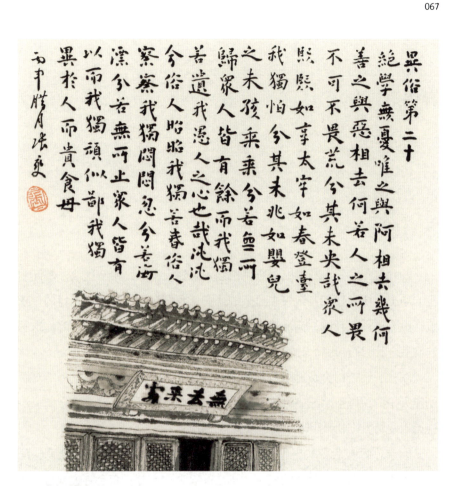

异俗第二十

　　绝学，无忧。唯之与阿，相去几何？善之与恶，相去何若？人之所畏，不可不畏。荒兮其未央哉。众人熙熙，如享太牢，如春登台，我独怕兮其未兆，如婴儿之未孩，乘乘兮若无所归。众人皆有余，而我独若遗，我愚人之心也哉，沌沌兮。俗人昭昭，我独若昏；俗人察察，我独闷闷。忽兮若海。漂兮若无所止。众人皆有以，而我独顽似鄙，我独异于人，而贵食母。

异俗第二十

　　2016年11月，我和PP两个脱相之人来到大觉寺，希望这块宁静而古雅的净土能抚慰我们各自失去至亲的悲伤。我们在重重院落里无目的地瞎逛，没有进大殿拜佛，溜溜达达，终于安于西山上一片有塔的小院。这里非常适合我们的心境，安静、隐秘，像天涯落魄之人的归隐之所。

　　深秋，银杏树金黄耀眼得像正在燃烧的火炬。无去来处、动静等观，两座大殿的深黑色木门、木窗、木房梁、木檩条被号角般响亮的金色火炬烧得越发乌黑，朝暮阴晴之间，气象万千。

　　北京总体色系基本就是红配绿。我把大觉寺的这种金和黑的色彩搭配暗暗简称"黑金"。这样的黑金，北京仅只大觉寺有。其余有古银杏的庙宇多是红金、褐金。

　　我和PP尽量不给对方照相，也不觉得对方像那个自己以往熟悉的人。

　　谢天谢地，PP当时一直被留在北京工作。不然，就剩下我孤零零一个，岂不太残酷了。PP那些日子经常回山东陪陪老母亲。他去山东的时候，我就老一个人去大觉寺，买炒银杏吃，还带了茶壶在最顶上那个隐秘的院落喝茶。这里注定是个还魂处。

这个冬天，我第一次画了大觉寺，画的是无去来处大殿的门。

"如婴儿之未孩，乘乘兮若无所归。"对我来说，这也应是"无去来处"的注解。

大觉寺是我那一小段时光的避难所，从此以后，每当我稍感焦虑，就来这里自己给自己沏一小壶茶，坐在最高处，望着下面的美景、殿堂、禅房、工作人员办公室的房顶以及每一堵墙的墙脊。我一次次惊叹那是一片我从来都认不出的空洞。即便我在这里看过它无数眼，我也还是认不出。它像个每时每刻都在心里清零的空间。我坐在同一块石凳上喝茶，从山顶，一边看着山下，一边忘记看见了什么。那片我穿梭往来的时空永远是空的，什么都没有，又什么都在那儿，如如不动。

几棵大银杏，秋天像天火一样点燃全寺，把两大殿烧得比以往更漆黑。两座大殿就像两个黑洞，只有黑金存入我的大脑，其余全是空白。我一直想把这个印象画下来，全画只黑色和金色两块颜色，名字就叫《大觉寺》。

那棵最大的树，估计每年结五百斤银杏毫无问题。大觉寺的银杏是可以随便捡的。每年快到冬天的时候，门口对面就会有炒银杏的大姐卖刚炒出来的寺里的银杏。我和PP总会买上一包，带到山顶就茶吃。他喝茶看书，我在山顶画张小写生。或者我们在山下的绍兴菜馆就着茴香豆喝一斤烫过的花雕，再到山顶画画。我不胜酒力，而且对酒精过敏。斗胆冒死喝醉一次，画完画被PP带回家，第二天看见画，认不出那是我自己画的大觉寺。

一次又一次，大觉寺成了被我忘记又去见证的空洞。不论银杏、黄酒、茶，还是无去来处、动静等观，都是空洞。

我们没在这里为妈妈、爸爸念过一句经。没有。

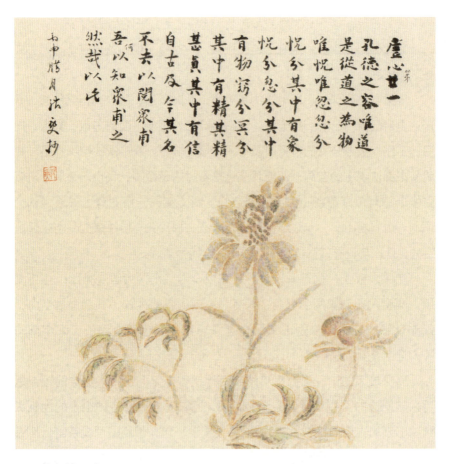

虚心第二十一

孔德之容，唯道是从。道之为物，唯恍唯忽。忽兮恍兮，其中有象；恍兮忽兮，其中有物，窈兮冥兮，其中有精，其精甚真，其中有信。自古及今，其名不去，以阅众甫。吾何以知众甫之然哉？以此。

虚心第二十一

元旦已过数日，假期结束，PP从山东回来。我自己，本来说要马上熟制几张生宣。但还一直没去琉璃厂买纸。还想再买些生绢，也一块儿熟制。

凡画国画，恐怕没有人特别喜欢用现成的生宣或熟宣。画家们最方便得到好纸的办法是先买了好生宣，放上十几年，等纸性熬没了，再用就好用了。这样放熟的老纸画画和写字都好。

我不爱存纸，急用时就到潘家园去淘老纸。赶上了，能收获一打特别好用的纸。琉璃厂有好用的老红星宣，价格随着年头的增长成倍上升，而且也不零卖，要买就得一刀。我喜欢自己熟制宣纸。这个办法挺麻烦，不是每个人都会用。

PP去上班后，我终于抽出一整天去琉璃厂买了纸、明矾、明胶，又买了一些姜思绪堂的国画颜料、几支毛笔、几尺生绢、几个绷绢用的木框。

回到家，先熟制了八张四尺生宣。又仔细绷了三框生绢并熟制了晾着。家里的地板上都晾着熟制好的宣纸和生绢。地板不够，我就把熟制好的宣纸贴在衣柜上晾着。快干的时候，把熟好的宣纸用生宣一张张隔开，摞成一打，再用木板和石头压住，阴干。事实上，我这种办法因为用的明矾很稀薄，熟出来的宣纸都不到半熟。

绢干后要反复几次涂淡明矾，需要三天才能熟完。不能着急。

纸彻底干的时候已经很晚了。一整天奔波、工作，我已筋疲力尽。躺在床上，我认真地想，明天要用熟好的宣纸先画点什么？

第二天清晨，PP去上班。我准备用皴点法在熟宣上画一幅花卉。从没见别的花鸟画这么表现过花卉。我只是好奇，为什么谁都不这么试试呢？

我开始了探索皴点法各种可能性的旅程。这幅画因为只用皴点完成，看上去挺抽象的。

另外，我在颜料中掺入些许蛤粉，使整体色调呈现紫灰色系。这种掺入白色的色彩技法虽并不只是西方的色彩法，但还是偏西方一些的。

这幅画虽小，但这次尝试是我向前迈进的一大步。

接下来几天里，我在熟制好的绢上画了两幅山水，都几乎只用范宽式的"山头点"和"雨点皴"完成。这两幅画因为一直未托裱，看不出效果，但它们却让我对皴点的信心猛增。我会在这套刚刚开始的《道德经图》中，多尝试探索这种技法。

每次去琉璃厂，不论买些什么回来，书也好，颜料也好，笔也好，纸也好，都有我根本无法预见的魔力。画画这件事儿有时挺邪性的，鬼使神差的时候比探索、研究、读书更令人刺激。手能画成什么样，有时是程式化的，一旦打破程式，奇妙的事情就可能发生。对此，我百思不得其解，细细思量过之后，只有一种可能，就是古人技痒，想借用画者的手。

不论中西，画家很少自己制作加工材料，都由技师帮着做。我这次是因为一时找不到好用的纸。应该说，熟制生宣和生绢的技法，王定理老师传授给我一半，剩下的一半是靠我自己琢磨和摸索。老先生七十多岁时，给我一个人上了颜料制作的课，顺便告诉了我很多实用材料制作的技法，如怎么熟制生宣和生绢，如何将白宣纸、白绢染成仿古色，等等。没想到都用得上，而且得心应手。

生纸熟制以后非常好用。这让我看到了完成《道德经图》的可能性。材料反馈给画者的，恐怕不比读书少。它们是创作时很好玩儿的一部分。

仔细看，这幅画特别适合雕琢于石碑的一角。它天生有与石头相投合的气息。

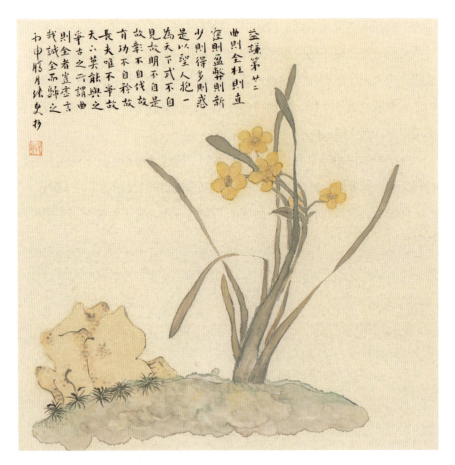

益谦第二十二

曲则全，枉则直，洼则盈，弊则新，少则得，多则惑。是以圣人抱一为天下式。不自见，故明；不自是，故彰；不自伐，故有功；不自矜，故长。夫唯不争，故天下莫能与之争。古之所谓曲则全者，岂虚言哉？诚全而归之。

益谦第二十二

PP每天上班之前，都让我答应他：我画好了，不论好坏，都发给他看看。他这是对我的精神状态不放心，想鼓舞我以积极的方式抵抗抑郁情绪。

PP的床头柜上放着《圣经》和几本基督教方面的书。我也很替他担心。我们平时说话很少。我画画、写字。他那会儿对游戏失去兴趣，除了下象棋就是看书。

从去年圣诞之后，他每周日都去海淀教堂做弥撒，还老是带着我一起去。我不拒绝去教堂，因为我2003年到2005年期间被燕京神学院邀请，给这所学校画过一幅很大的壁画。我当时对基督教有好感是因为看到那里的学生热爱艺术。PP知道我其实不会皈依基督教。这么多年来，我对老子、孔子、释迦牟尼、基督都了解得越来越多。但是，即便觉得前三者离我更近，我也没有想过皈依的事情。我很清楚，我要创作的话，只能依靠自己，不能借助外力。对于创作，我应该越来越专注关照某类事物。

半年来，我每天读和抄《道德经》，画的是《道德经图》。同时，我也越来越着迷于古代的画论。不论是很小的细节还是宏观的整体，我越来越融入完整的一件事情当中。

　　山水画从古至今最重要的标准是笔墨和构图。好笔墨和好构图被古人追求到了极致，很难超越。文人画的意义在于生命个体都是独特的，谁也替代不了谁。每位大师只要动笔，其中就有其全部信息。

　　比如，"元四家"中有三个是道教徒，另外一个还是不折不扣的隐士。梅花道人和大痴道人都是道教徒，尤其黄大痴更是新道教全真教中的名人，道学深邃。倪云林的两个哥哥都是当时著名的道教徒，他的很多朋友包括大痴，更是道教核心人物。倪瓒自己四十八岁时开始信仰道教（全真教）。王蒙年轻时隐居于杭州黄鹤山几十年，号黄鹤山樵。后来入世，因"胡惟庸案"牵连，死于狱中。四个人基本都有出世的经历。他们笔墨风格截然不同，个个才华横溢并有思想，都是用山水寄托老庄精神。"元四隐士"创造了中国文人画笔墨的高峰。由此可见，元代，老庄哲学思想几乎可以被视为文人画创作的精神源泉。"元四家"都是有灵魂的人。后来者喜欢"元四家"的画，却常忽略这关键的一点。

　　如果只谈大师们的笔墨的话，一是天赋尽显，二是特征分明。染色在山水画中与墨法无法相提并论。但是每个画家还是根据自己的色彩偏好和审美趣味，总结着各自的经验。

　　我在此幅画中，用到洗画法。在纸快被我磨出洞之前，在色彩就快要被纸纤维牢固吸收的最后一瞬，我将已经画上的墨、色洗了再画，画了再洗。这种办法不能与积墨法相提并论，但它让色彩层次更丰富了。我把这类技法叫非线性技法。

　　这幅画只在山石上延续了上一幅画的彩色皴点法。山石、土壤、小花和叶子，都是非线性画法的结果。这个技法的实现得益于我熟制的纸。纸好，不光可以对墨、色的控制力加强，写字的感觉也舒服多了。

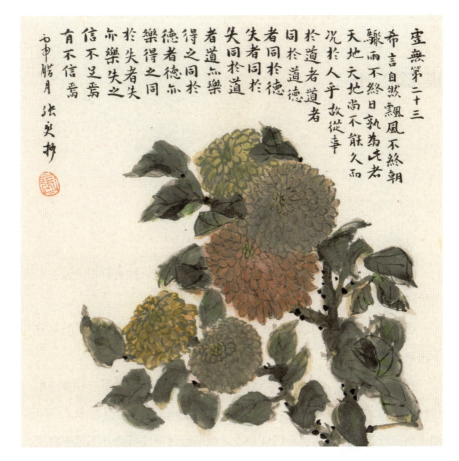

虚无第二十三

　　希言自然。飘风不终朝，骤雨不终日。孰为此者？天地。天地尚不能久，而况于人乎？故从事于道者，道者同于道，德者同于德，失者同于失。同于道者，道亦乐得之；同于德者，德亦乐得之；同于失者，失亦乐失之。信不足焉，有不信焉。

虚无第二十三

　　我不甘心只用我加工过的纸，想再去琉璃厂找一找更好用的过去没发现的好宣纸。

　　琉璃厂凡是卖纸的店铺都让试纸，这个好习惯一直保持着，特别有利于画家选纸。

　　我花了一整天，在四五家店铺里耐心试纸，最后选定了一种桑皮纸。这种桑皮纸价格不菲，因为它比市面上的高丽纸平整光滑得多。众所周知，桑皮纸最结实，适合非线性皴染法。但纸禁得住折腾并不见得好用。水墨最重要的是纸对墨色的层次感的呈现。

　　我很犹豫，因为这种桑皮纸虽然已经算很平整了，但还是没有宣纸那么均匀、柔软。纸的硬度、密度、柔软度、吸墨度及其洇渍效果，都跟宣纸有很大不同。这也是它吸引我的原因。在美院读书期间，我曾经去到唐山迁安李姑县的桑皮纸造纸作坊，跟工人们一起造过纸，亲眼看到了桑树皮造纸奇妙的全过程。我还在当地买过各种手工制作的桑皮纸，不但用它们画国画，还画水彩和制作水印木刻。我对桑皮纸有丰富的使用经验。我从实践中得来的结论是：与其用它画国画，不如用它画水彩、印版画。因为桑皮纸不论放多长时间，都很难改变纸性。桑树皮特别坚韧，这种持久的坚韧是桑皮纸的美德。我从画册上见过清华美院王小飞教授用桑皮纸画坦培拉，我相信这位教授对桑皮纸的认识同我一样——适合画西画，不适合画国画。桑皮纸就像中国纸家族中蒸不烂煮不熟生命力旺盛的一粒响当当的铜豌豆，任凭风吹雨打，折叠揉捻，比布还结实。

我只买了两张，准备试试再说。

回到家后，我迫不及待地用桑皮纸画了菊花。

住平房时，妈妈经常在西屋养菊花。又施肥，又浇水，又定时晒太阳、通风，忙得不亦乐乎。但她就是喜欢，不论多忙、多累都心甘情愿。西屋是我们全家吃饭的地方，妈妈给菊花一周浇一次马掌水，非常臭。每到我家的菊花期，我们就转移到北屋吃饭了。

妈妈养的几盆菊花总是引来大院里的爱花之人前来观赏。虽然妈妈老年时不再养菊花，但她常年养殖盆景七八盆。修枝、晒太阳、浇水，忙活来忙活去。后来养的这些植物几乎没有开大朵花的。这不禁让我总想起小时候一到秋天，伴着马掌水的奇臭，家里盛开着绝美的菊花。

我不会养菊花的，记得妈妈说菊花是最吃肥的花。言外之意，把家里弄得臭烘烘，才能开出美丽的菊花，这是养菊花的必然代价。

我画的这幅菊花，不是写生，只是画小时候看到的菊花的印象。这幅画得益于桑皮纸太结实了，我洗了又染，染了又洗，一直折腾了两天，纸不但没破，连变形都没有。天啊，没有这么画国画的。

因为在明胶中用了淡明矾，我控制住了跑色。但这幅画完全是一次技法实验。我不得不决定放弃使用我钟爱的桑皮纸，恢复用我自己加工处理过的宣纸。

值得一提的是，桑皮纸扛住了我对它的蹂躏，五朵菊花栩栩如生。我控制着色彩饱和度，不让花朵过于鲜艳。事实上，我可以画得要多鲜艳就能有多鲜艳，因为桑皮纸承受得起反复用毛笔揉搓。这幅画与前几张画有明显不一样的气质。这个气质恰恰是桑皮纸给它的。但它跳出了整体基本风格。这就是我放弃桑皮纸的原因。这个结果也在意料之中。

无论如何，能依据印象，画出妈妈养的菊花，我实在高兴。

记得来家里赏花的客人从来不嫌臭，这令我非常震惊。明明那股臭味儿我现在都忘不了，他们却若无其事。

我不会养菊花，却可以画菊花。虽然不臭，但是，看见菊花，我就条件反射闻见马掌水的味儿。

苦恩第二十四

　　跂者不立，跨者不行，自见者不明，自是者不彰，自伐者无功，自矜者不长。其于道也，曰余食赘行。物或恶之，故有道者不处也。

苦恩第二十四

"一生欢喜，从不向人愁。果然萱草最忘忧。"萱草是忘忧草，是妈妈花，也是女儿花。

金农、白石老人，都喜欢画萱草。我现在理解了他们的心意。

我曾经为PP的父亲画过一把扇子。那还是2012年的夏天，老人家因腰伤卧床休息，我就画了把萱草折扇，让PP回山东看望老人家时，代我转达问候。那时我跟PP还没结婚，PP可能觉得这样做不妥，就把扇子留在了单位。直到我问起他，他才说扇子丢了。其实扇子没丢。公公去世后，萱草扇子才在PP曾经坐过的一张办公桌的抽屉里找到。PP把扇子还给我，我把它放到床头柜的抽屉里，再也没动过。

2017年初，PP出国后，我收拾房间，再次看到了那把萱草扇子。什么时候给公公上坟的时候，一定带给他吧。

我喜欢做这做那，肯定是受妈妈影响的。妈妈有很多手艺，其中一个绝活儿最令我羡慕——她能自己做鱼缸和花瓶。方法简单，但是操作起来挺麻烦的。先要将大玻璃瓶子和啤酒瓶子从中间用一根蘸了酒精的细绳紧紧绑住，然后将细绳点燃，等火快要熄灭时，迅速泼冰水，瓶子就从细绳捆绑的一圈整齐地炸裂，将瓶子的上半部分扔掉不要，只留瓶子的下半部分，再用油石仔细地磨圆新炸开的边缘，就不会伤手了。总而言之，妈妈只需要一会儿功夫，就能魔术般地把大瓶子变成可爱的小玻璃鱼缸，把几个绿色的啤酒瓶子变成大小不一的玻璃杯或玻璃花瓶。她用小鱼缸养孔雀鱼，用玻璃花瓶插花。可惜，这些玻璃鱼缸、花瓶、杯子我没有收藏一个。那种淳朴的手工痕迹，竟然成了我后来选择器皿的重要审美准则。

我家的孔雀鱼都是隔壁邻居送给妈妈的，这种鱼繁殖力很强。邻居大爷大妈家有三个孩子和一位奶奶，有那么一段时间，每到月底，大妈总要向妈妈借点钱。

年年从夏初到深秋，家里都有妈妈插在自制玻璃花瓶中滴着露珠儿的月季。她在我家南窗前的花池子里种了几株紫绒和蓝露露，还有一藤葡萄。葡萄藤正好在北屋和西屋之间的过道处搭起一架子凉棚。紫绒月季花紫得发黑，蓝露露是很少见的淡蓝色的月季花，我只见妈妈养过。小孩子有个通病，老觉得别人家的东西好。我也一样。妈妈种的花看着总没有别人家种的花花绿绿。其实我当时很无知，紫绒和蓝露露都不好养活。比起大多数鲜艳的月季，妈妈独爱紫色和淡蓝色。她走的时候，衬衣正是蓝露露的蓝色，外衣也是紫绒的紫色。想到此，我心里多些慰藉。

姥姥去世之前，妈妈忙着照顾姥姥，没时间照顾月季，让我帮她浇花。我很认真地完成这件事儿。当时我可不知道，夏天中午，在大太阳底下是不能浇花的，越浇越蔫儿。蓝露露娇气，就被我这么浇死了一棵。

有一天，妈妈哭着说，姥姥临行前不再理她，因为她没把我带去和姥姥告别。

画萱草，想起我没和姥姥告别，妈妈炸瓶子做鱼缸和花瓶，以及南窗下的花池子。又突然想起我们院儿新来的一个小男孩面带煞气，他把东边大爷家养的四只小猫杀了个精光，怕被别人发现，先藏在家里。等到了下雨的夜里，他偷偷把小猫分别埋在四家的花池子里。这是个巨大的工程，留下蛛丝马迹。大爷视猫如子，他暗地里追查出这事儿之后，跟我妈妈说我们家的花池子里也埋了一只。那一年，在居委会奶奶的调节下，小男孩家赔了大爷家两袋白面。大爷分别在我们几家埋了猫的花池子前念了几百遍《六字大明咒》，算是超度了冤灵。

几个月后，我家和埋了小猫的另三家花池子里的植物营养过剩，猛长叶子猛开花。妈妈的月季和葡萄简直长疯了，月季的花枝长得跟我一般高。我笃信，它们还会长得和对面大礼堂门前的香椿树一样高。

妈妈叹息："这是四条命在施肥啊。"

那一年，紫绒开成焦黑状，像木炭雕刻出来的。平时娇滴滴的蓝露露更像做了变性手术一般，花朵又大又干，似硫酸纸叠出来的。最可怕的是，葡萄藤不但枝叶繁茂，还长了许多大肉虫子。那是我的天敌，我每天见到肉虫子都吓得嗷嗷叫。妈妈不得不喷药杀虫。这么一来，那年的葡萄就没吃上一粒。

妈妈说她右眼皮老跳。果然，不久之后，我们这座毗邻日坛公园，被朝鲜大使馆、文联宿舍围在中间的有大礼堂和防空洞的芳草地地区最大的故宫宿舍大院就卖给了铁道部。他们很快就把我们大院里的大礼堂、防空洞这些有历史文物价值的建筑都拆毁了。大礼堂是孩子们寒暑假里排练节目和给大人们演出的剧场。我虽然从未加入过他们的排练和演出，却知道大礼堂是我们小孩和大人们精神交流之所在。而防空洞，那儿从来是丈量我们胆气的地方，我们时刻准备继续探索这座永远走不到尽头的迷宫。失去大礼堂和防空洞，意味着我们全院的孩子们乃至我们整个芳草地的孩子们失去了乐园。

最糟糕的是，不到一年，院子里就建起了质量不怎么样的楼房。全院64户人家在一片未清理干净的混乱工地里，就地陆续搬入鸽子窝般的单元房。从此，一座四季芳香的大院子再无往日生气。妈妈的命根子，那个南窗之下的花池子，再也不属于她了。家里再无好看的月季插花。因为搬到四层，孔雀鱼缺氧，很快也死光了。

后来妈妈总说："都是杀小猫惹的。"

这么多年过去了，只要回忆我们的大院，眼前就会一片鲜花。仔细想了一遍，我们院有月季、菊花、葡萄、桃花、向日葵、凌霄花、牡丹、芍药、香椿、松柏、芙蓉花、葫芦、扁豆、指甲草、夜来香、白茉莉、玉兰、米兰、石榴、海棠、桂花、柿子、核桃、牵牛花、五角星、君子兰、蟹爪莲、山影、虎刺梅、"死不了"……家家都当宝贝呵护，真是太多了，就是没见过萱草。当时就连紧挨着家的日坛公园也没见过这种金色的花。后来在金农、白石老人的画中见到萱草，特别喜欢。尤其这花又以母亲花、女儿花同时命名，这一点，最是难得、亲切。

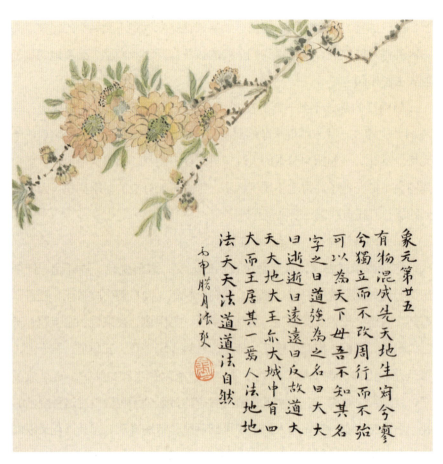

法天天法道道法自然
大而王居其一焉人法地地
天大地大王亦大城中有四
曰逝逝曰远远曰反故道大
字之曰道强為之名曰大大
可以為天下毋吾不知其名
兮獨立而不改周行而不殆
有物混成先天地生寂兮寥
象元第廿五

丙申勝月法炎

象元第二十五

　　有物混成，先天地生。寂兮寥兮，独立而不改，周行而不殆，可以为天下母，吾不知其名，字之曰道。强为之名曰大。大曰逝，逝曰远，远曰反。故道大、天大、地大、王亦大。域中有四大，而王居其一焉。人法地，地法天，天法道，道法自然。

象元第二十五

这蓝色空洞的吸盘

大过阳光下未干的阴影

大过落满槐花的喧嚣

大过飘荡荷魂的三生夏日

却大不过一张病床

大不过轻轻而绝望的一声呻吟

大不过黑夜冰冷的疲惫和

离别前暴雨中的一把破伞

（2016年7月26日，高烧中）

在电脑里翻阅诗稿，发现上面这首诗，是我在妈妈走的前一天写的。我当时在发烧。

7月25日，我从早晨7点到医院，一直到26日凌晨5点离开医院，22小时里感觉不到发烧。我吃不下早点，因为头晕，踩着棉花飘回了家。

25日夜里雨下得很大，26日早晨天特别好，我走出医院之前，拍了蓝天。7点左右，快到楼下的时候，一位朋友给我打了电话，问我妈妈的情况。我告诉她医生还在想办法医治。放下电话，我站在大雨结成的水坑里，头痛欲裂。

大约7点半，我吃了最后几粒感冒药，躺下休息。睡不着，脑子里一片空白。

PP去上班了，他打来电话，嘱咐我吃点东西再睡觉，免得低血糖。

地上晾着没干的破雨伞。我躺在客厅南边的小床上，努力在脑子里搜索家里哪还有好雨伞，但脑子像一块木头，根本想不出来。

26日中午没吃饭，感冒药性厉害，我在睡梦中挣扎着想早点醒过来，却一直昏昏沉沉。下午2点左右醒来一会儿，看见窗外明晃晃的阳光，我脑子里突然浮现出上面这首诗的前两句，顺手记在枕边手机的备忘录中。下面几句就倾泻而出了。连同早上照的那张医院上空蓝天的照片，一起转发到朋友圈。然后又昏昏沉沉睡着。

下午5点，迷迷糊糊醒来，起床。看朋友圈，有几位同学和朋友以为我病了，叮嘱我好好养病。

我的确病了，在发烧。但我写的是妈妈病了。

PP下班一到家就说，他觉得我的诗写得虽好，但还是删了吧。

我没听PP的。心慌意乱。

27日早晨5点多，突然醒过来。跟PP说："我马上去医院，给妈妈买好早点，我就挂号看病，我得开点感冒药。"

6点，我出发了，大约6：40左右，地铁站刚到东大桥，我就收到医院电话，让我尽快赶到。

我冲出地铁，一路跑到急诊病房。握着妈妈温暖的手，看着面庞异常平静、从容的妈妈。那是无上庄严的菩萨啊。

"妈妈，我爱你。"

妈妈当然听到了，因为这是我第一次说出口。

但愿没吓着她老人家。

那些天，妈妈一直让我在她枕边播放佛号。妈妈不让我关机，她说她喜欢听，她听了心里平静。

医生也允许小声播放佛号。我在这间急诊病房里，看到过病人走了，家属都是强忍悲痛，不哭或不哭出声。那会惊动其他病人，造成恐惧。

南无阿弥陀佛。谁见到过妈妈最后的面庞，自会心生庄严。

重德第二十六

　　重为轻根，静为躁君。是以圣人终日行，不离辎重。虽有荣观、燕处，超然。奈何万乘之主，而以身轻天下？轻则失臣，躁则失君。

重德第二十六

　　蛤粉是画国画常用的白色。它比胡粉透明。我最近又在中药店买了一小袋蛤粉，它不是那么白，但是刚好够用。它刚买来的时候是淡灰绿色的，堪比木乃伊灰。事实上，它们的成分的确差不多。

　　中药店真好。我很多颜料不会去画材店买，而是去中药店买。那里几乎有我想要的一切。

　　我从不用画材店的蛤粉，原因很简单，中药店的蛤粉够年头，粉末虽不是特别细，却从不让我失望。

　　蛤粉被轻胶和水弄湿后，很容易变质。变质后的蛤粉腥臭，很难闻。所以蛤粉得用新鲜的，当天用当天调。

　　我给熟制好的宣纸做一层稀释蛤粉的底子。这个技法很有意思，做好蛤粉底子的宣纸，并不影响宣纸对墨色的吸收，反而有辅助宣纸更好地吸收墨色的效果，尤其笔墨留下的痕迹边缘非常独特，像石涛在湿纸上画出的笔墨效果。完全不同于没有做过蛤粉底子的宣纸。而这个技法效果，只有中药店买的蛤粉可以做到。画材店的胡粉太白净，只能当白色用。

　　这幅水墨萱草，它的每一笔都呈现透明的特质，就是因为我做了中药店蛤粉的底子。

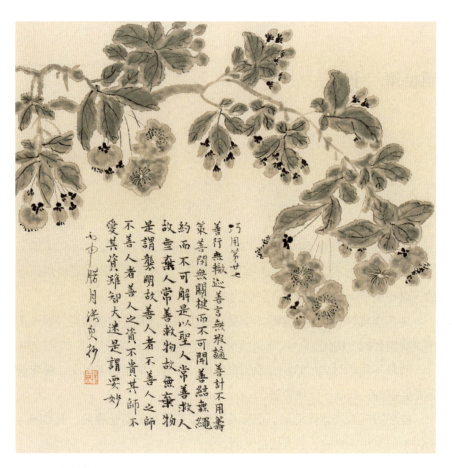

巧用第二十七

　　善行无辙迹，善言无瑕谪，善计不用筹策，善闭无关楗而不可开，善结无绳约而不可解。是以圣人常善救人，故无弃人；常善救物，故无弃物，是谓袭明。故善人者，不善人之师；不善人者，善人之资。不贵其师，不爱其资，虽智大迷。是谓要妙。

巧用第二十七

快过年了，春天就要到了。腊月是冬天的最后一个月，其实阳气很盛了。

我提前画春天最美的花——海棠花。这幅画因为做了蛤粉的底子，墨色很透明，就像海棠花内部可以放射微光一样。

花有精神，有光。蛤粉也是有精神，有光。墨更是有精神，有光。中国画的所有颜色中，只有墨放出的光芒最强烈。"反者道之动"[1]是老子的一个主要论点。墨是黑的，它的黑正是为了让它描绘的一切，都在光芒中存在。

"圣人常善救人，故无弃人。"尽管我脆弱、焦虑、躁动，老子和他的《道德经》仍不弃我于黑暗、无知、顽劣。他正把我一点点领出恐惧、抑郁和虚弱，让我一点点从嘈杂的噩梦中醒来，一点点宁静闻道。

这幅海棠花就是有与无的同时显现。

[1] 去用第四十。

有与无，都不在意料中。比如妈妈的走，扭转了我的乾坤。我从一个有寄托的孩子，变成一时无助的孤儿。我哪里料得到，这个彻底独立的开端，已经设下了一个又一个大悬念。那股暗力量如一个个黑夜接续着白天，根本不留缝隙，只有这个有无交替的节拍是不变的。还是那句话，该来的，我一个也躲不掉。不过，没关系的。经历多了之后，我反倒沉着了。

云门文偃禅师说"日日是好日"。我一时糊涂，在跟自己捉迷藏，我明白"日日须自觉"。

第四单元

冬去春来·终不为大

花与插花

（2017年1月27日—2017年4月20日）

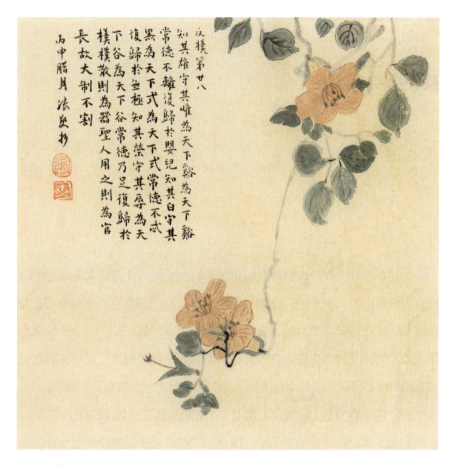

反朴第二十八

知其雄，守其雌，为天下溪。为天下溪，常德不离。复归于婴儿。知其白，守其黑，为天下式。为天下式，常德不忒。复归于无极。知其荣，守其辱，为天下谷。为天下谷，常德乃足，复归于朴。朴散则为器，圣人用之则为官长，故大制不割。

反朴第二十八

　　2017年1月，我开始整理在燕京神学院画壁画时详细记录的《神学院壁画创作札记》。一开始，看2003年随手记下的那些文字，头都大了，简直混乱一团。一条条捋清后，在我的公众号里发了第一篇。万事开头难，第二篇开始，《神学院壁画创作札记》整理起来就有规律了。毕竟画壁画时手头勤快，记录下来的素材丰富。快到春节时，我已整理完三篇了。

　　2017年的春节是1月28日。腊月二十九，我画了一幅凌霄花。

　　1月25日，我随手记下下面这段话："在《老子道德经河上公章句》'象元第二十五'中说：'有物混成，先天地生。寂兮寥兮，独立而不改，周行而不殆，可以为天下母，吾不知其名，字之曰道。'这是老子对道的又一次'名可名，非常名'。他虽然不知那先于天地就存在的到底该叫什么，但却认清那是创造万物之母。显然，这里的道不是神，但又可称其为道神。它是天地万物的起源。我读过《约翰福音》，其第一章中提道：太初有道，道与神同在，道就是神。这道太初与神同在。万物是借着他造的；凡被造的，没有一样不是借着他造的。这段《新约》经文，呼应着《旧约·创世纪》第一章上帝创造万物。这其中也说到西方的道就是上帝。《约翰福音》今传本原文为希腊文。希腊文中的道（λόγος），翻译成英语虽然是道路之意，也有人直接将它翻译为'话语'。比如有人认为基督的'话语'就是道。更重要的是，在希腊语中，道（λόγος）是指潜藏在现象之下的必然规律和本质。这似乎是东西方在'道'的阐释上的不谋而合。只不过，东方的道无形，而西方的道可以指上帝。上帝是有形象的，《创世纪》提到上帝按照自己的样子造出亚当，那么亚当就是上帝的样子，他的子孙也是上帝的样子。中国人翻译上帝为'耶和华'，但摩西十诫第三条中规定上帝之名是不可妄称的。这使上帝变得像老子的道一样抽象难懂了许多。这也呼应了《道德经》'体道第一'的说法：'名可名，非常名。'"

这幅凌霄花，她的道本自具足，这花遵循自己的生长规则盛开。人类的基因排序比凌霄花的基因排序复杂，但道不离凌霄花而去。所以，凌霄花才开得那么美，那么典雅。

再过两天便是春节。春节是人道，我要认真体味春节的所有气息。

这个春节，我陪PP回山东。除夕，我们一起给公公扫墓。

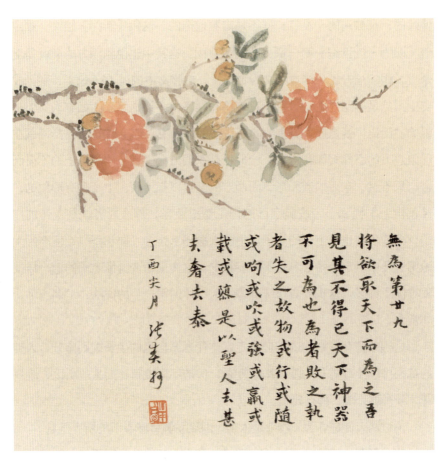

無為第廿九

將欲取天下而為之吾
見其不得已天下神器
不可為也為者敗之執
者失之故物或行或隨
或呴或吹或強或羸或
載或隳是以聖人去甚
去奢去泰

丁酉尖月 洋失抒

无为第二十九

　　将欲取天下，而为之，吾见其不得已。天下神器，不可为也。为者败之，执者失之。故物或行或随，或呴或吹，或强或羸，或载或隳。是以圣人去甚、去奢、去泰。

无为第二十九

2017年2月21日，天降大雪。因为在公众号里发了《神学院壁画创作札记》，很多朋友才知道我从2003年末到2005年春天给燕京神学院画了一幅壁画。有朋友要看，我就带朋友去了燕京神学院。到了学校，发现壁画没了。问在校的学生们，他们说暑假前还在，暑假后一开学就发现壁画不见了。我找到当年看到我画壁画整个过程的潘师傅。他理直气壮地告诉我，撕了，早扔垃圾站了。

我画壁画之前，想到壁画有一天可能会面临拆卸的难题，所以把将近24平方米的壁画分成六个大画框制作，每个画框都单独铺了亚麻布。上墙时考虑到拆装方便，在画框上都安装了巨大的挂置。壁画完成时，我跟神学院签订了一份著作权合同，其中明确提出如果需要拆卸，必须通知我并由我全权负责找专业人士完成拆卸工作。所以我根本不信那位潘师傅的话，又去了一趟神学院，再次找到他。那位师傅带我到校园里一个堆积垃圾的棚子前，告诉我：他用壁画最小的那一块画框做了那个垃圾棚子的顶棚。那一小块儿壁画是一位守护天使站在山坡上，瞭望通往神学院的小路。我让潘师傅把沾满雨雪、鸟屎、树叶、尘土，并用巨大的钉子钉在木桩上的用壁画搭建的垃圾棚子的顶棚拆下来。在朋友的帮助下，我终于把残存的遍体鳞伤的这一小部分有天使守望的残破的壁画运回家。

我几乎两个月不知如何是好。想去神学院附近的垃圾站找找被撕碎的壁画的残骸，但是，壁画被毁已经是 2016 年 8 月的事情了。现在是 2017 年 2 月，已经过去 6 个月了，再也找不到一点线索了。潘师傅不给我垃圾场的电话，他说他把壁画撕下来后，打电话让垃圾工拉走了，电话已经找不到了。潘师傅说这些的时候，真诚地把壁画当作垃圾，对我的难过异常冷漠。这让我想起 2005 年 4 月，壁画完成，拆脚手架时，他就用钢管磕伤了壁画的一块儿地方。之后，我花了很多时间才修补好了那块儿伤痕。潘师傅透露给我，是要重新装修学校的新院长让他拆的。潘师傅还告诉我，不只拆了壁画，还拆了喷泉。他专门强调："拆得多了，装那个喷泉当时花了十几万呢，你的壁画不算贵的。"我没跟他计较我的壁画到底多有价值。我明白，只要上面一个指令，作为临时工，为了保住工作，他就会立即撕碎我的壁画。我当年画壁画时，有时向他借个梯子，都是要请老院长出面亲口跟他说了才行。他似乎有难为人的习惯。

壁画被毁，我的情绪陷入愤怒、无奈和沮丧，导致我创作《道德经图》的进度陡然慢了下来。但我还是怀着原初的心，继续整理《神学院壁画创作札记》。

就这样，画"反朴第二十八"时还是丁酉年前，当时我还不知道壁画被毁的事。受到严重打击之后，画"微明第三十六"时已经是丁酉春末了。

我本来定制了与壁画等比缩小一些的带板子的画框，准备重画壁画。

但一拿起笔起稿，心就拧成一团，几乎喘不上气来。

我跟骆驼、杨健老师、李野夫兄长商量，要不要打官司。我手中有 2005 年与神学院签订的一份著作权合同，是当时骆驼和他的北大法律系同学一起商议后，骆驼亲自为我拟定的，上面有当时神学院副院长齐铁英牧师的签字和神学院的公章。杨老师反对打官司。骆驼开始支持我打官司，但当他上网查询了几宗类似案例之后，就着实为我担心起来了。然后，他就坚决劝我不要打官司了。野夫兄听说我的壁画被毁，万分惋惜，我跟他说我正准备重画一幅等比缩小的壁画，留个纪念。他干脆建议我到他的宿园工作室去画。

到了 5 月，我终于冷静下来了，重拾毛笔，回到《道德经图》的创作上来，并继续把《神学院壁画创作札记》写完。我太容易被外界的变化影响了。我不该放弃我该做的事情。很多事情如自己制造的梦幻泡影，在不经意时，泡影就会消失。安住当下，不是没心没肺。日日是好日，需要放下执念。

这幅画是石榴花。我喜欢石榴花，是长大了以后的事情。妈妈没养过石榴，但是，骆驼母亲最爱石榴花。写"无为第二十九"这幅石榴花的创作札记，想到了她老人家。

骆驼是我原来的丈夫。妈妈当时不同意我与骆驼结婚，把户口本藏了起来。之后骆驼决定正式将我接入小院住。骆驼母亲和我妈妈一样爱花。他家的小院子里总是那么生机勃勃，就是因为这些被热爱生活、疼爱自己孩子的主人精心护理的盆景和花卉长得特别好看。

老婆婆最爱石榴。每年5月，火红的石榴一开花，老人家就爱得合不拢嘴，总是围着鲜花转，怕长虫子，怕水浇灌得不合适，怕凋谢。阳光下的小院，暖红、娇艳的石榴，真是让回到院子里的孩子们，包括我，倍感温暖。婆婆跟奶奶一样，做家常饭的功夫一流。我给老人家当儿媳妇的那几年，算是口福不浅。

记得我刚来小院住的时候，老婆婆给我准备的就是石榴红的缎子面棉被，她的确太爱这种红了。很多年以后，大约2002年，她搬家到方庄之前就得了脑血栓，坐上轮椅。我推她去超市买东西，她特别开心。回家后，我发现她当时为了不给我添麻烦，连上厕所都不提。

我没有参加老婆婆的葬礼，因为跟骆驼离婚，他觉得没必要叫我参加。我知道后，找骆驼大姐聊天，大姐是我见过的最善良的姐姐，我们俩都很伤心。结果，没过两天，老婆婆就来托梦了。她在梦里戴了一条洁白的围巾，像前苏联女人那样从头一直围到下巴，然后系个活结。她穿着平时自己设计、缝制的宽大的灰色衣衫，异常平静地和我坐在阳光下的一棵大树下喝茉莉花茶。我们什么话都没说，只是感受着树荫下的宁静。

第二天醒来，我向着崔府夹道的方向磕了三个大头。然后写了下面这首给她老人家的诗。

缺席的葬礼

现在　多年以后十二月的第一个星期一
亡灵盘旋三个夜晚之后
我拖着疲惫的身体　开窗通风
就着阴天里透明的潮气和
紫花已经褪色的绸子帷幔

终于听清窗外的喧哗

一辆汽车　报着开往终点的站名

提醒乘客　无人售票

恰恰在我清醒的那刻

它嚎叫着启动　然后

暂时消失在

一个小小的拐弯处　留下

震荡的弱小的站牌

我想起　梦中

看见一些身体　从高处跌入一摊污水

碎成泥

在一群乌鸦时起时落的黑暗中

仅剩一小堆灰白色的骨屑

谢天谢地　那不是你

最后一别　是2003年的冬天

你将肉和菜夹到我的碗中

念叨几声琐屑的话语

看着他们　说

你们都不许计较　我只有这么一个儿媳妇

永别了妈妈

我们之间的秘密

至少被你带走了一半

另一半我永远保存着

从你失去记忆　一直到永远

永远

（2006年12月4日　星期一）

老婆婆是不折不扣的美食家，她选食材很讲究。记得她跟我说西红柿的大小和形状都非常重要，大的不好吃，要中间个头的才好，不圆的西红柿受过病，不能吃。

我很多次跟她一起包饺子，她总夸我包的个个都像小元宝，吉祥。

老婆婆特别胖，心脏不好，一直吃药。我知道，因为妈妈反对，她对我没结婚就跟骆驼同居，一方面充满同情，但同时也把我当成有问题的女孩，在不经意间有些微词。但是，每当我一想到院子里火一般的石榴花，都觉得那段在小院生活的日子很踏实。我们之间从来都无为而治，她可能从没把我正式划入她的家人，甚至觉得我就是个过客，所以反而大度。我也觉得自己是小院的局外人，出入之间，都不属于这里，反而放松。

直到老人家瘫痪以后，我们才突然彼此都觉得可以互相认作家人了。她试图阻止我跟骆驼离婚，她还在我参加的最后一次罗家方庄家里的春节家宴上，特别给我夹了菜，强调我是他的儿媳妇。但无论如何，她已无力挽回当时我和骆驼将要分手的局面了。

那个有石榴花的闹中取静的隆福寺街崔府夹道 21 号小院，随便几十万就卖给了别人。谁也没有告诉我。那座 5 月盛开石榴花的我在其中生活了多年的小院里还有一棵高高的无花果树，那棵树上的无花果，每年只有我一个人吃。老婆婆、老公公总在无花果熟了之后，摘下来，给我存在冰箱里。

好吧，治理家庭也要顺其自然，大势已去，家不成家，就让一切都过去吧。

圣人是对的，"去甚、去奢、去泰"[1]。去了所有一切，就都太平了。

不知不觉，2017 年的清明节到了。PP 回山东给公公扫墓。我只能一个人，孤零零地踏着青青绿草，来到妈妈墓前祭拜。我没有哭，心里很踏实。春天诸多积极的意义填补了清明的沮丧、不甘、痛惜、想念。这是第一次觉得墓地特别亲切，因为妈妈在这里，整个墓地就我一个人，但我一点不害怕。

扫墓的前一日，我写了一首祭诗：

丁酉清明祭母

寒食雨过剪冥花，春夜长灯赖苦茶。
残念割心思久累，新坟瘗母恨无涯。
遥遥云路天车去，漫漫梵声白鹤达。
今世为儿难自在，明朝祭扫当回家。

---

[1] 无为第二十九。

　　给妈妈扫墓之后，那几天天气都特别好。各自忙完扫墓的事情，我和PP才团聚在北京的家中。他一直工作繁忙，早已不得不放下悲伤，全力投入工作。生而艰辛，我们都在努力做事情。

　　每次我给PP看刚画好的这些小画，他会认真、仔细地端详、欣赏，总是夸赞一句：越画越好。这就是PP，从来都只是简单夸奖一句。

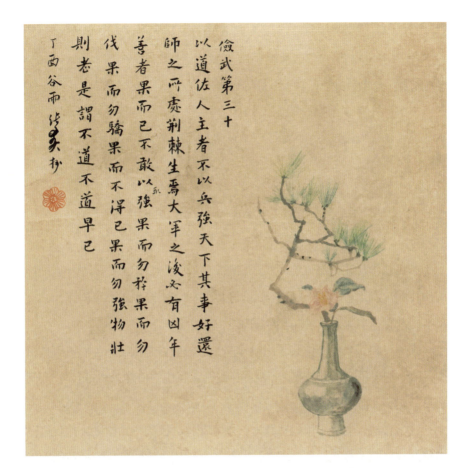

俭武第三十

以道佐人主者不以兵强天下其事好还
师之所处荆棘生焉大军之後必有凶年
善者果而已不敢以取强果而勿矜果而勿
伐果而勿骄果而不得已果而勿强物壮
则老是謂不道不道早已

丁酉谷雨　绿天抄

俭武第三十

　　以道佐人主者，不以兵强天下，其事好还，师之所处，荆棘生焉。大军之后，必有凶年。善者果而已，不敢以取强。果而勿矜，果而勿伐，果而勿骄，果而不得已，果而勿强。物壮则老，是谓不道，不道早已。

俭武第三十

　　一直想学插花。跟谁学呢？跟川濑敏郎先生学。怎么跟他学？就把他的插花图片当素材，画入《道德经图》里。他在山野里找当令的花叶，有草本的，有木本的，插在古老的器皿里，简朴无华。

　　画的时候，我仔细体会了川濑敏郎先生的取材、构图、色彩，真是精妙无比。他只用几个古代瓶子，就能搭配几百种山中植物，365日，让房间里日日充满大自然的生机。

　　我学着他，在院子里找些草本、木本花卉，以简单为原则，用我自己搜集的玻璃瓶子插花。直到现在，我都一直以川濑敏郎先生的插花原则插花。这不也是妈妈当年插花的方式吗？她把自己种的蓝露露和紫绒用自己做的玻璃花器插花，让小时候的家里充满芳菲。这应该是潜意识里我喜欢川濑敏郎用古罗马时代的琉璃瓶子插花的原因。

　　"善者果而已，不敢以取强。"[1]道不能用以示强。思维果敢，更要

---

[1] 俭武第三十。

学习冲和。

365日，每日将山中的野枝野草恭敬供于案前，道之美德就存于这些枝叶间和这种行为中。我画它们，即学川濑敏郎先生的花道，也学人道。

眼前，我面前就有一枝柳条和一枝碧桃，插在簋街的蜗牛餐厅卖给我的一个玻璃小酒瓶里。比着垂柳枝和桃花写字，字就受到影响，变得柔软、妩媚了许多。

中国的墨、颜料其实最适合画插花这样的静物。人们一直称其为清供。川濑敏郎先生的初衷应该是无为。清供是无为修道的具体呈现，它也是国画非常常见的一种题材。

川濑敏郎先生用一枝松枝，配一朵刚开放的粉色茶花。这打破了从自然中找到的形状、色彩和精神的和谐。两种植物性格冲突强烈，但都彬彬有礼，相互致意，创造出一种理性的平衡。

《道德经图》中，我画了花卉27幅。为学习川濑敏郎先生的插花，画了6幅清供插花。分别为：俭武第三十、任成第三十四、微明第三十六、论德第三十八、去用第四十、立戒第四十四。

清供画中和山水画中一样，都藏着道及其德。

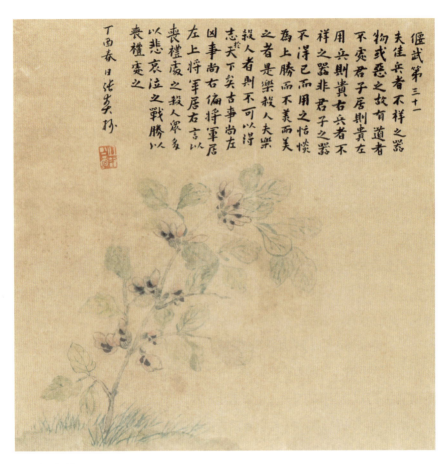

夫佳兵者不祥之器
物或惡之故有道者
不處君子居則貴左
用兵則貴右兵者不
祥之器非君子之器
不得已而用之恬惔
為上勝而不美而美
之者是樂殺人夫樂
殺人者則不可以得
志天下矣古事尚左
凶事尚右偏將軍居
左上將軍居右言以
喪禮處之殺人眾多
以悲哀泣之戰勝以
喪禮處之

偃武第三十一

丁酉春日張葉抒

偃武第三十一

夫佳兵〔者〕，不祥之器，物或恶之，故有道者不处。君子居则贵左，用兵则贵右。兵者，不祥之器，非君子之器，不得已而用之。恬惔为上。胜而不美，而美之者，是乐杀人。夫乐杀人者，则不可以得志于天下矣。吉事尚左，凶事尚右。偏将军居左，上将军居右，言以丧礼处之。杀人众多，以悲哀泣之。战胜，以丧礼处之。

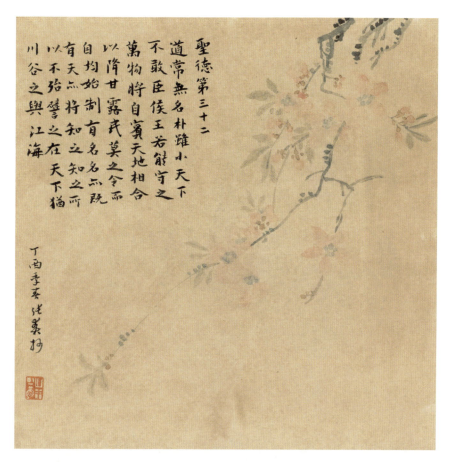

圣德第三十二

　　道常无名，朴虽小，天下不敢臣。侯王若能守之，万物将自宾。天地相合，以降甘露，民莫之令而自均。始制有名。名亦既有，天亦将知之。知之，所以不殆。譬道之在天下，犹川谷之与江海。

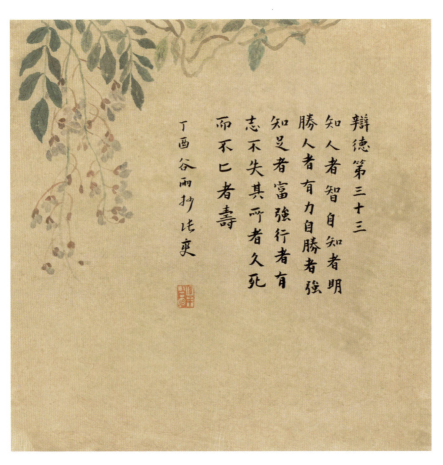

辯德第三十三

知人者智，自知者明。胜人者有力，自胜者强。知足者富。强行者有志。不失其所者久。死而不亡者寿。

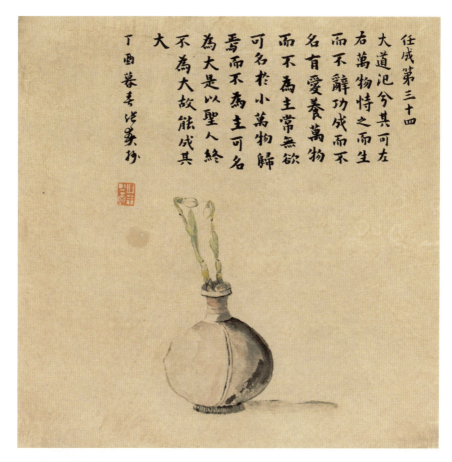

任成第三十四

大道泛兮，其可左右。万物恃之而生，而不辞。功成〔而〕不名有。爱养万物而不为主。常无欲，可名于小。万物归焉而不为主，可名为大。是以圣人终不为大，故能成其大。

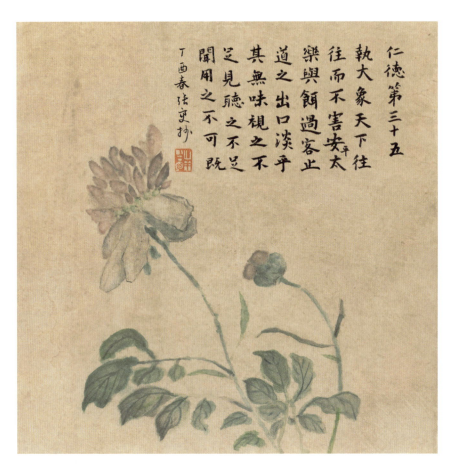

仁德第三十五

执大象，天下往。往而不害，安平太。乐与饵，过客止。道之出口，淡乎其无味。视之不足见，听之不足闻，用之不可既。

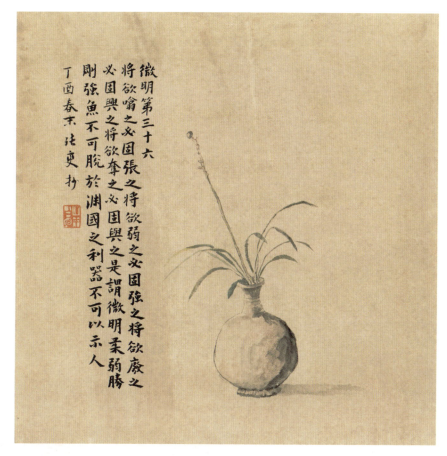

微明第三十六

将欲噏之，必固张之；将欲弱之，必固强之；将欲废之，必固兴之；将欲夺之，必固与之，是谓微明。柔弱胜刚强。鱼不可脱于渊。国之利器，不可以示人。

第五单元

春末夏初·不处其华

花与山水

（2017年4月21日—2017年5月10日）

为政第三十七

道常无为，而无不为。侯王若能守〔之〕，万物将自化。化而欲作，吾将镇之以无名之朴。无名之朴，亦将不欲，不欲以静，天下将自定。

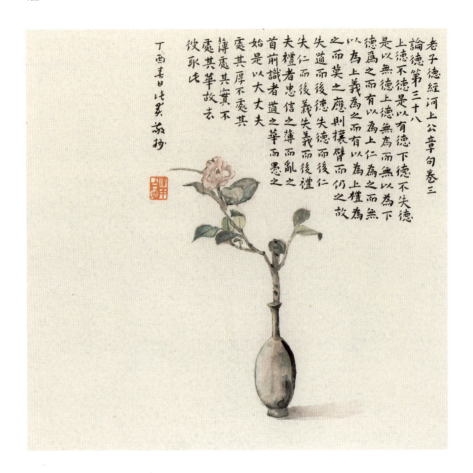

老子德經河上公章句卷三

論德第三十八

上德不德，是以有德。下德不失德，是以無德。上德無為，而無以為。下德為之，而有以為。上仁為之，而無以為。上義為之，而有以為。上禮為之，而莫之應，則攘臂而仍之。故失道而後德，失德而後仁，失仁而後義，失義而後禮。夫禮者忠信之薄，而亂之首。前識者道之華，而愚之始。是以大丈夫處其厚，不處其薄。處其實，不處其華。故去彼取此

丁酉春日時客敬抄

老子德经河上公章句卷三

论德第三十八

上德不德，是以有德；下德不失德，是以无德。上德无为，而无以为；下德为之，而有以为。上仁为之，而无以为；上义为之，而有以为。上礼为之，而莫之应，则攘臂而仍之。故失道而后德，失德而后仁，失仁而后义，失义而后礼。夫礼者，忠信之薄，而乱之首。前识者，道之华。而愚之始。是以大丈夫处其厚，不处其薄；处其实，不处其华，故去彼取此。

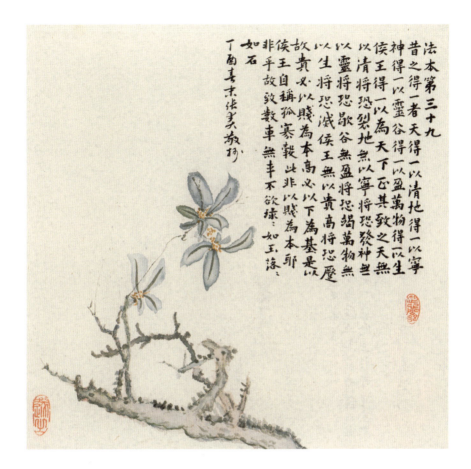

法本第三十九

　　昔之得一者，天得一以清，地得一以宁，神得一以灵，谷得一以盈，万物得一以生，侯王得一以为天下正。其致之，天无以清将恐裂，地无以宁将恐发，神无以灵将恐歇，谷无盈将恐竭，万物无以生将恐灭，侯王无以贵高将恐蹶。故贵〔必〕以贱为本，高必以下为基。是以侯王自称孤寡不穀，此非以贱为本耶？非乎！故致数车无车，不欲球球如玉，落落如石。

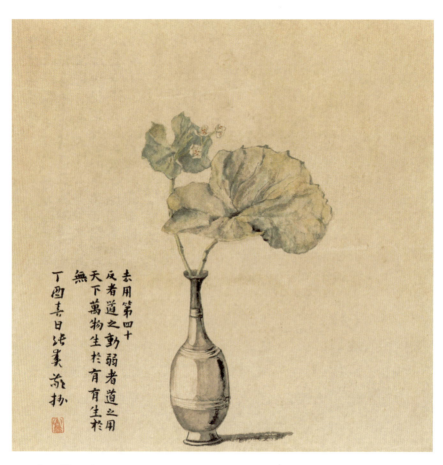

去用第四十
反者道之動弱者道之用
天下萬物生於有有生於
無
丁酉喜日北美敬扬

去用第四十

反者道之动，弱者道之用。天下万物生于有，有生于无。

去用第四十

　　令一幅小画成立其实是挺难的一件事。"功夫在画外"的说法一点不夸张。

　　因为画《道德经图》，与研究传统哲学的朋友聊天的时候，我会仔细听他们的见解。

　　前几天与一位中央美院老师聊天，他说宣纸与墨之间就是阴阳关系。

　　世间万物，只要是互动的，都是正反、阴阳、强弱、有无的关系。

　　纸与墨互为正反，互为阴阳，互为强弱，互为有无。

　　"反者道之动，弱者道之用。"[1]老子说："有之以为利，无之以为用。"[2]

　　什么是反者？上述关系中的两元，都互为反者，但他们都将回归无，无正无反、无阴无阳、无强无弱、无有无无……

---

[1] 去用第四十。

[2] 无用第十一。

　　什么是弱者？无形的、柔软的看上去比有形的坚硬的要弱。精神就是无形的，但却是创作思想的支柱，对于山水画来说，内在的精神可外化为构图和笔墨、色彩，无形化为有形。精神为画者所用，山水创作由它主宰完成。

　　画一幅清供，也能见精神。两片叶子、三朵几乎看不见的小白花、几行工整的小楷、一只朴素的古人用过的花瓶，它们组合在一起，表达出的意味是无形的，不可言说。道法自然，包括道法无形的精神世界。

　　我自己熟制宣纸这道工序，意味深长。生纸借助媒介剂由生转熟，墨、色借助水则由干转湿，由浓转淡。这幅小画看似简单，其实是在各种转换中生成的。

　　大多数画者是不交流的，各自有许多隐秘的技法，也的确是交流不过来。很可能他们也不屑于写创作札记与别人交流。除非是老师给学生讲课，或者师傅带徒弟。

　　我写创作札记是怕自己忘了创作本身也是雕刻时光，哪怕只是简略地记下来一些创作时发生的故事，也是有意味的。对我来说，创作札记是我创作的一个重要组成部分，它包括当时所使用的技法、创作的起因、创作时的心情和发现等。我写创作札记往往要沿着两条线索写，一条是创作过程本身，一条是同步的生活细节。它们大多数时候有着最具体的联系。

　　《神学院壁画创作札记》最典型，它记录了我当时的全部生活状况和我创作的整个过程。创作不是偶然发生的，生活中的各种偶然和必然决定了创作的某种基调。又比如，《食指肖像》《圆明园诗社》的创作本身就是我戏剧般日常生活的准确记录。画的表面是表现食指的精神世界，画的内部却记录的是我自己的内心世界，明暗两条线索，正是创作和生活构成的。

　　所以，我的创作札记和我的作品，天然就有我精神的全部痕迹。

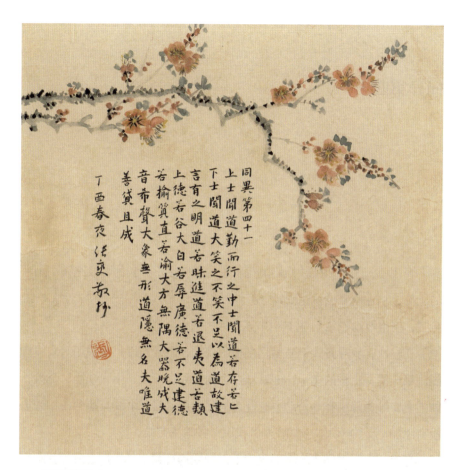

同异第四十一

　　上士闻道，勤而行之；中士闻道，若存若亡；下士闻道，大笑之，不笑不足以为道。故建言有之：明道若昧，进道若退，夷道若类，上德若谷，大白若辱，广德若不足，建德若偷，质直若渝，大方无隅，大器晚成，大音希声，大象无形，道隐无名，夫唯道善贷且成。

同异第四十一

　　春夜里，画了两枝并行的桃花。短的那枝在下，长的那枝充满了画面的上部，从左向右像跳芭蕾舞一般伸展出去，又分出三枝。"一生二，二生三，三生万物"[1]，借其引申无穷尽、繁盛之意。

　　有一次，我看张大千先生画古柏的视频，深受启发。他采用对角线构图。第一笔画古柏的主干，他就从左上角画到右下角，中间顿挫、奇盘，如虬龙安卧，静中有动，动中有静，笔墨肆意，墨绿淋漓。整棵古柏旁边没有添加一石、一人、一鹤，全画仅以一种笔法完成。

　　还有一次看溥儒先生在四尺宣纸上画松的视频，他只用十分钟就画完了。石头只画了两三笔，松、石笔法一致。

　　如何把小幅山水画到至简？如何能像上述两位先生一样，以一种笔法完成一幅画？一种笔法如何能使画面可繁可简？我要学会解决这些问题。

　　揭开某些秘密之前，我需要准备充足，免得当感到别人不适时，我的

---

[1] 道化第四十二。

敏感让我变得立场不坚定。

事实上，《道德经图》画到此时，甚至我的老师都在质问我在做什么。我保持沉默，因为我只有完成了，才可以告诉老师我究竟做了什么。

不知画到哪个章节，我已能够面对妈妈离去的现实了。我每天沉浸在已经画了半年多的《道德经图》创作中，具体地为纸操心，为墨操心，为颜料操心，为画什么新内容操心，为我什么时候进入山水精神的正题操心。

我的妈妈从没夸过我一句。这一点我毫不夸张。她在世的时候，我很有想让她夸我的愿望，但从未遂愿。我肯定，她应该认为我还远远不够那么好。她走了，我可以不用再争取她的夸赞了，因为我自己发现自己有很多问题，的确需要完善自己。

"夫唯道善贷且成。"[1] 现在看来，我能见到自己的不足，是在妈妈一直没有认可的过程中养成的好习惯。

---

[1] 同异第四十一。

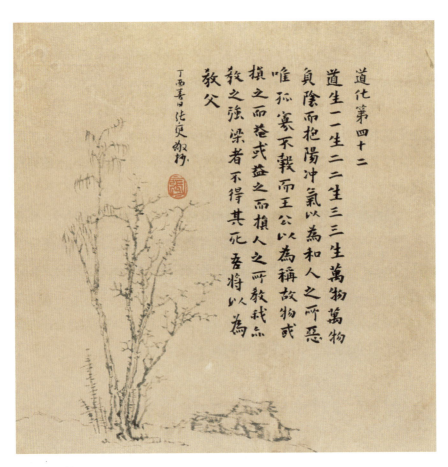

道化第四十二

　　道生一，一生二，二生三，三生万物。万物负阴而抱阳，冲气以为和。人之所恶，唯孤寡不毂，而王公以为称。故物或损之而益，或益之而损。人之所教，我亦教之。强梁者，不得其死。吾将以为教父。

道化第四十二

2017 年 5 月到 7 月，故宫博物院展出了"清四僧"作品。我用妈妈给我留下的故宫福利门票，共看了三次"四僧"展。每次看展，弘仁理性中充满个性的构图都深深吸引着我，使得我无法抽出时间再去看八大、石涛、髡残。即便我那么崇拜八大，热爱石涛。

我常被艺术中的理性因素打动。但弘仁是最打动我的一位。我开始临摹弘仁的册页，他小幅山水的笔墨对研墨的要求极高，我不得不实验我现有的墨块和砚台的匹配程度，这开启了我对墨和砚台的探究。

"天下之至柔，驰骋天下之至坚"[1]，这简直就是画山水的座右铭。笔墨至柔，山石至坚。《道德经》很多章节都在用水比喻道。道不可见，水是到处都能见到的。

深远、平远、高远是程式化的构图原则。雾、霭、云、溪、瀑、涧，江湖、大河……画中，从天到地都可有水。水中有山，水畔有山，

---

[1] 遍用第四十三。

云中有山，云外有山，雨中有山，雪中有山……这些都是表面上的程式。每个人画的山水都是自己心中的山水，山水表现的是每个画山水的人的自性精神。

就在写这段之前，我见到两位朋友。他们都是在传统哲学方面有建树的思想者。其中一位研究道学的朋友同时研究中医药发展战略、中医哲学、道学、整体论等。我问他"道"是什么，他说"道"就是自己。我说谢谢。他又补充说，既然当时人们不讲现在的科学、西方哲学，也没有我们现在的宇宙观，就不要把他们的话想得玄而又玄。

山水画的是自己的精神。弘仁画的是自己，髡残画的是自己，八大画的是自己，石涛画的是自己。

我也画我自己。尽管目前还需要临摹弘仁，但我有在精神上要表达的欲望，所以我将会逐渐成为画我自己的画者。

"物或损之而益，或益之而损。"[1]自我教化需要耐心，需要静气。

---

[1] 道化第四十二。

遍用第四十三

天下之至柔，驰骋天下之至坚。无有人〔于〕无间。吾是以知无为之有益。不言之教，无为之益，天下希及之。

遍用第四十三

　　自我教化，其实就是缓慢得看似无所事事的修行。对于画画来说，尤其是画山水，临摹古人就是无所事事。但在无所事事中，放空自己，静下心来，却能洞悉古人的想法，能在没有言辞的教化中学到很多东西。临摹有诸多好处，它是理性的善用，无言辞的自修。

　　绘画的修养是以柔克刚的漫长过程。书法也是。不是准备好笔墨纸砚和颜料，又有老师教，就能画得了的。什么笔适合写什么字，什么砚台适合研磨什么墨，什么纸适合画什么画，怎么让植物色永久保留它的原色度……弄不清这些具体得不能再具体的问题，下笔即错。

　　那么，从一幅画里能看到这些熟知笔墨纸砚的功夫吗？当然看得到。一位画家只是刻苦地画来画去根本不够，还要像小孩子那般喜欢玩耍。那些看上去耽误功夫的事情、玩物丧志的事情，反倒是非常重要的。画画虽然看似研物立志，但其实，都是在玩物丧志的不经意中完成的。

　　就在两天前，我给一位朋友画梅花，喜贺她的生日。我需要研磨一点朱砂，点梅花的花瓣。顺手拿起一方本来都想扔掉的叶九坑歙砚，没想到研磨朱砂太好用了。一物降一物。只要事物匹配适合，做起事来，是不费力的。看似是一次失败的收藏，却在没想到的情况下，有了大用。我也用一方羊脂玉般的白端研朱砂，但比起这方叶九坑差远了。无意中发现研朱砂的利器，这个不是读书得来的，而是玩出来的经验。

言归正传，临摹渐江的小画，笔墨很重要，尤其墨色是得区分出浓淡的。需要两方小砚台，一方研浓墨，一方研淡墨。这样画出来的山洞、山峰、小毛亭才好看。纸需半熟，墨需半干，笔需干，勾勒、皴擦用圆笔拖笔自然转侧锋。他效法倪云林，但是他的笔墨比倪瓒的硬，山形多比倪瓒的方。

"不言之教，无为之益，天下希及之。"[1] 谁都有自己的笔墨，做到好很难。道的作用是有呼吸节奏的，想与其合拍，急不得。正如先要有水，才能挖好渠，引进水。

妈妈喜欢花，她自己做玻璃花瓶没人教，自然就会了。画山水也一样，喜欢最重要。我大多数时候都不是为了画，仅只是因为喜欢，想边画边琢磨，就像品尝人间美味。

文人画，明清的品位不如元。但临摹弘仁，我发现了他在构图上的创新趋向抽象，这一点，如看到董其昌、石涛一样，一如既往地吸引我更爱山水画。

---

[1] 遍用第四十三。

立戒第四十四

　　名与身孰亲？身与货孰多？得与亡孰病？甚爱必大费，多藏必厚亡。知足不辱，知止不殆，可以长久。

立戒第四十四

　　原来"立戒四十四"画的是一幅山水，我是想给弘仁的一张黑白小画设色。但以失败告终。就连从来都夸我的PP，这回也嘟囔："这幅可没有以前画得好看。"我知道不好，有挫败感，但也不着急重画一幅。我想不出这一章改成什么内容再画一幅，就先把它放在一边，继续画下面几章。

　　到了2017年盛夏时节，我才补上这幅清供。

　　2017年夏天发生了很多事情。五一节的时候，PP回山东看望他母亲，走之前，我们总觉得楼道里有一股臭鸡蛋的气味。而且越来越臭。到5月19日，PP再次回山东。

　　PP出发的当天我还带着李南去牟敦白家看望了老牟，并请大家在马凯餐厅吃晚饭，小乔还送给我三方她篆刻的随形印章。

　　当晚回到家不久，就有人用力敲门。我听楼道里非常杂乱，有很多人说话，没敢开门。接着，就听见那一群人下楼了。我打开窗户，看见刚才敲门说话的那群人在楼下排成一排，一共六七个人，都是警察。我立即明白了，502出事了。

　　我家是501，住在502里的是一位孤孤单单的姐姐。她父亲大约三年前也仙逝于家中，当时的情形和这个晚上很像。不过，那天是早上，大约八点多钟的时候，一群人把老人运走。那位姐姐痛哭失声。楼道里当时也有许多人，乱哄哄的。

5月19号晚上，我们单元402的阿姨刚从美国回来，她报了警。

警察比法医先到了。他们想从我家阳台翻到502姐姐家的阳台，然后从房间里面把门打开，好让法医把尸体运走（我听见他们在楼下议论这种做法的可能性）。他们不继续敲门找我的原因也许是因为他们也不想见到腐烂的尸体。但他们是公安机构，法律上允许他们为破案撬门。我们楼周围停了好几辆警车。警察一直在打电话，法医的车不一会儿也来了。

我一直在窗口观察事情的处理过程和态势。看到法医车到了，就连司机都是从头到脚穿着防护服，当时就觉得自己腿开始发软。拿了钥匙，锁好门，我就冲到楼下了。警察当然猜到我是谁了，但是谁也没理我。

我钻进停在楼下的车里，刚准备走，就看见法医们穿得像太空人一般抬着担架，拎着黑色大塑料袋下了车，和警察一起进了楼道。

接下来，楼上发生了什么我没看到，但可以推测，警察合法撬开门锁，法医进去把腐尸装进黑色塑料袋。

过了很久，我才看见他们将黑色塑料袋抬出楼，装进法医车中。

那天，我被吓得惊慌失措，决定先不回家，到通州躲一躲。慌张开夜车去通州的路上还遇到一辆装扮了撒旦犄角的小汽车。这一夜路漫漫，惊心动魄，灯光、行人、车辆都显得怪诞不经。

当我把车停好，进到房间里时，我立刻瘫坐在沙发上起不来了。

因为太害怕了，我给朋友打了电话求助。这位朋友当即决定陪我在微信里聊一夜天。谢天谢地有这么善良的朋友，不然我那一夜真的会吓出毛病来的。

接下来，我不再回城，躲在通州。PP因为我害怕，也很快返京。

我不敢一个人待着，PP上班我就跟着他上班，等他下班，我再和他开两个多小时的车回通州。

那段时间里，我白天一直在PP单位宿舍里整理《神学院壁画创作札记》。

早上和晚上我们轮换开车，五环路天天堵得一塌糊涂，我们因为每天赶路，筋疲力尽，吃完饭连微信都懒得看，倒头便睡。

后来的几个月里，我们每次回家里取东西，PP都不想再走了，那样他上班方便得多。可我坚决不同意。

PP端午节带我去了坝上草原。一望无际的青天碧草驱散了很多我心头的恐惧。但回到北京，我还是不敢回家住。

就这样，两个月的疲于奔命让我回过神来，我们终于回家住了。

这个过程中，几位朋友都觉得我们得搬家了。我一直考虑卖房子。直到住回家，搬家的念头立即一扫而空。因为这段时间累坏了，每天反倒睡得很安稳。就是楼道里死气沉沉的，安静得出奇，突然有一位送外卖的小哥敲门，显得特别温暖。

我后来写了下面这首诗，纪念502姐姐。

悲伤吞噬恐惧
　　——悼念502姐姐

想不到会为你写诗
502姐姐

五月　你被全副隔离的法医　装进

黑色塑料袋

从此　五层

就变成最安静的一层

至少一个半月

满楼道　飘着你的

求助

真难说服自己　那就是

你

老人报警　警察找

法医

自502不再有声音

恐惧迅速被悲伤吞噬

你虽已走　大院儿却

没变

好多年　你一个人住502

下楼买菜是隆重仪轨

你从2013年开始　每天

狂吼10分钟

那撕心的孤寂

震怒了你王般的五脏六腑

有一天　你平静地敲门

借了一把椅子

门锁坏了

你要等开锁的人

我从门镜里窥视你静坐楼道之态

像在响堂山石窟　从门缝窥视不对外的

年代久远的彩色造像

还有一天

你遇见我　突然　要

决斗般地盯住我："那个男人是谁？"

"是我丈夫。"

那一刻　你

恢复正常

我想起楼长说过　你是

精神病人

你走之后

一鸣惊人

你是想用尽全力和所有人

决斗吗

20多名年轻警察　不敢进你的502

你击败了他们

全楼的人都觉得我胆儿大

我胆儿不大

再听不到你的吼叫

你忠诚于负心郎君

殉葬了青春　盛年

5层变得平庸

我在501守着502

8级疼的痛经

压不倒这悲伤

（2017年11月7日草，2019年2月24日改，2025年1月27日再改）

"立戒第四十四"这幅清供应该就是在通州那两个月里画的，而且是我在那段时间里唯一完成的一幅。

小花器是我编造的。我所有画《道德经图》要用的资料、纸、墨、颜料，都在家里，回来取了一趟这些东西，唯独没带我自己熟好的宣纸。

因为害怕上楼取纸，我只能去琉璃厂买了几张宣纸。这幅清供是在我新买的纸上画的。

我当时要在花器上画一只和插在花器上同样粉红色的小花。前面已经画过好几幅清供了，按自己的想法再画一幅，已经很熟练了。

"名与身孰亲？"[1]这问题问的正是我。太在意要达到一个平庸的目的，就会忽略养生。我这次对邻居家姐姐的死，这么害怕，就是因为我身体太虚弱。身体不好，不能心生欢喜，经常抑郁，禁不起惊吓。

即便为了慢慢不间断地学习、领悟绘画，也得身体好。一件事情要想做得长久，就不能心生厌烦，不能失去兴致。但前提是身体好。

我的清供肯定与齐白石、吴昌硕这些大师都画得不一样，我至少得画出我想要的样子。但我的清供看上去比他们的脆弱得多。一看他们画的清供，就知道，他们身体多硬朗。

记得2017年夏至，天特别热，突然刮起了风，好像就要下雨的样子。于是大家都在等雨。那天，我给桂桂画了一幅清供。上面题写了北岛的诗句："卑鄙是卑鄙者的通行证，高尚是高尚者的墓志铭。"

那些日子，我画了好几把扇子，因为我答应广化寺的几位法师，为他们画扇子。于是我就放下画《道德经图》这件事，专心画扇子。

---

[1]立戒第四十四。

洪德第四十五

大成若缺，其用不弊；大盈若冲，其用不穷。大直若屈，大巧若拙，大辩若讷。躁胜寒，静则热，清静为天下正。

第六单元

夏天到夏天 · 知足之足

勾勒皱点

（2017 年 5 月 15 日—2018 年 5 月 25 日）

儉欲第四十六

天下有道，却走馬以糞；天下無道，戎馬生於郊。罪莫大於可欲。禍莫大於不知足，咎莫大於欲得。故知足之足，常足矣。

俭欲第四十六

天下有道，却走马以粪；天下无道，戎马生于郊。罪莫大于可欲。祸莫大于不知足，咎莫大于欲得。故知足之足，常足〔矣〕。

鑒遠第四十七

不出戶知天下
不窺牖見天道
其出彌遠其知
彌少是以聖人
不行而知不見
而明不為而成

丁丑酷夏作書

鉴远第四十七

不出户〔以〕知天下，不窥牖〔以〕见天道，其出弥远，其知弥少。是以圣人不行而知，不见而明，不为而成。

忘知第四十八
为学日益，为道日损。损之又损〔之〕，以至于无为，无为而无不为。取天下
常以无事，及其有事，不足以取天下。

忘知第四十八

2017年5月，我补画完"立戒第四十四"那幅清供之后，就搁笔了。但因为那幅山水没画好，有了挫败感，我反倒立定一个目标，从今往后的《道德经图》都画山水。我的这种立定一个目标的态度造成的结果，经常是母鸡孵小鸡的过程，就是得耐心地等着。手不动并不意味着它不能动，过一段无所事事的日子，把心静下来才能积蓄能量。

一直到了2018年2月25日，正月初十，我的手痒痒了。这个延迟的过程，的确也是因为我还不够强大，所以太小瞧了自己正在做的事情了。

2017年春末，我答应给北京佛学院的七个应届毕业研究生做一张海报，我让朋友帮我在美院买了木板，准备做成黑白木刻。我拷贝了七位法师的大量照片。一有机会就去广化寺与他们交流、聊天，还与几位法师建立微信联系⋯⋯

从2017年5月到2018年春节之前，我一边继续读一些古代画论，一边积累为七位法师画海报的素材。本来决定做海报，但是，我一直不能从七位僧人的整体找到一个创作主题的魂，我既不想再耽误僧人们的时间，也不想应付，所以就放弃了这件事。

等我又接着画《道德经图》时，我有个笔记，记录了我的自责："事情的停滞首先因为头脑混乱。混乱带来停滞和后退。通常情况下，盲目、没有思想，是造成混乱的原因。经过长时间思考，还是得按照我所想的做。我会慢慢陈述我所想。先把这一小节做好。"

上面这段话，简单概括了我九个月无所事事的状况。其中"这一小节"指的是《道德经》第四十六章至第五十四章这九幅。

"取天下常以无事，及其有事，不足以取天下。"[1]即便重新动手画一幅小画，也需要九个月的自然无为储备能量。

这幅"忘知第四十八"水墨山水，直到装裱出来，才显示出它对我的意义。主要是墨色细腻好看，墨的层次是在装裱后呈现出来的。装裱前，我画了多遍的墨看不出层次，乱作一团。装裱后，先后、浓淡的秩序就都出现了。这幅画远景的山峰几乎和近景的山峰一样高大，造成整幅画显得有些空间错乱。但是我非常喜欢这种带有抽象意味的构图方式。

---

[1]忘知第四十八。

任德第四十九

戊戌七月 奭

聖人無常心以百姓心
為心善者吾善之不
善者吾亦善之德善
信者吾信之不信
者吾亦信之德信聖
人在天下怵怵為天
下渾其心百姓皆注
其耳目聖人皆孩之

任德第四十九

　　圣人无常心，以百姓心为心。善者吾善之，不善者吾亦善之，德善；信者吾信之，不信者吾亦信之，德信。圣人在天下怵怵，为天下浑其心。百姓皆注其耳目，圣人皆孩之。

贵生第五十

出生入死。生之徒十有三，死之徒十有三，人之生，动之死地十有三。夫何故？以其求生之厚。盖闻善摄生者，陆行不遇兕虎，入军不被甲兵，兕无〔所〕投其角，虎无所措〔其〕爪，兵无所容其刃。夫何故？以其无死地。

贵生第五十

这些年，除了父母走了。还有几位朋友也都突然离去了，几乎都是在不该走的年龄就走了。

从陶家凯兄长开始，仙去的都是我挺熟悉的人。白南生、史铁生、刘迪、甘铁生、牟敦白……徒唤奈何。我写文章或抄挽联，祝愿亲友们安息。

2021年4月末，朋友们给我打电话，通知我：一位朋友自己选择了决绝的方式走了。

他比我大两岁。是我很近的朋友。我不知该怎么形容我听到这则消息时的惊慌，他是我同龄人里离去的第一位。

这位朋友最爱《世说新语》，他很像嵇康，仪表堂堂，才华横溢。他从不与世俗为伍，非常珍爱奇士，既愿意与被世俗不齿的人们交往，又倾向于和踏踏实实生活的人结识。他对喜欢的人的评价往往是"相见恨晚""一见如故"。每遇值得敬重的人，都会埋怨介绍的朋友："你为什么不早点让我们认识！"

与嵇康不同的是，他不打铁，但打坐。

他在四十岁之前，就辞去了工作，安心在家中读书、写文章，结识有意思的朋友。他写的文章大都只小范围交流，外人是看不到的。他性子直，说话更直。比如，要是看我穿的衣服他真的很不喜欢，就会直接埋怨："天啊，你怎么穿成这样？"

他与我和骆驼都是朋友，惋惜我们分开，他就当众说："我盼着骆驼和张爽五十岁的时候复婚。"

在我看来，他只会读书、写文章，不太懂画画，但他喜欢丰子恺，还从网上买了一幅印刷版的丰子恺的小画，让我带着他去配了一个画框，郑重地挂在客厅的墙上。

我的这位朋友从来不管我跟骆驼离婚后，很多人不再跟我往来，一如既往地把我当成朋友。

这并不意味着他觉得我没有毛病。他很反感我又做这又做那，七七八八。有一次他看见我在论坛里发有关读《大学》的一点心得，立即回帖："我说你累不累啊？！"

我不理他，继续七七八八。

又有一天，他对我说，有时候，到了晚上他读书的时候会想"张爽在干什么呢？肯定又在把自己累个半死"。他是那么聪明，经常嘲笑笨拙的我把自己累个半死。

这位朋友最后的十几年里，一直打坐。可惜当时我不打坐，无法与他交流打坐的体会。

我独身十年，跟他交流我们各自独身的体会，他说还是得与人交往，他说他对自己想得很明白，还说他从打坐中获得了自在。我真是太羡慕他能这么理性地自我调节了。顺便强调一句，我的这位朋友是有极强的理性和自我调节能力的人，如果没有特殊原因，他绝不会走绝路。

出于上述原因，我一直以为他可以长久地存在于我的世界里，我们不必经常联系，但是我有难题绝对可以问问他。

再说，我们有很多共同的有智慧的朋友，他还有那么多睿智的北大同学，早该是与聪明人在一起的智者了。

我真的不能接受他的离去。两天里，他的音容笑貌，他一尘不染的客厅、厨房、卫生间，他带我和朋友去法海寺看壁画时欣然的样子，他每次跟我聊天时笃定的神情和语气，他批评我时的不管不顾，他保护我时的奋不顾身，他对他特别喜欢的人仪式感般的敬重，他裸泳时从容不迫的天真，他喜欢用感叹词的习惯……这位朋友的所有存在都曾是我生活背景内容的一部分。但这些都不重要，最重要的是他真的在离我不远的地方活着。

因为他走了，我才想到，他是我多么应该珍视的人，而我却是直到今天才明白啊。

他的一切都从没有像现在这么活灵活现过，他是那么神采奕奕，那么朴素整洁，那么幽默诙谐。

他有那么多毛病，可是我却那么喜欢他。因为绝不能接受他自杀的事实，以致难过得受不了。

我真的为我朋友那么从容赴死而惊叹。但是，到底为什么呀？他那么热爱生活，那么热爱家人，那么热爱朋友，没有重要原因是绝不可能出事的。

"出生入死。"远离颠倒梦想，魂定魄静而生；颠倒梦想，精劳神惑而死。什么是生？什么是死？生应当是指重生，死应当是指行尸走肉。我们惜缘，其中也应包括与死和重生的机缘。我的朋友从容赴死，他一定是在魂定魄静的状态下，选择去重生。

生命无疑是最宝贵的。我的朋友离去，老天遗恨，出殡是 4 月 30 日上午，清晨，北京西北下起了不小的雪，然后转为绵绵细雨。

2018 年，在画这篇珍惜生命的篇章时，我竟然画的正是雨雪朦胧的一张风景。亲爱的朋友，老天一定给你派了一项什么任务，只能你来完成。我就把临近夏季的这场北京的雪和雨，看作是老天给你的馈赠吧。

我这次为我的朋友单独写了挽联。我看其余所有花圈贴的都是殡仪馆打印的挽联。

谈起写挽联的过程其实挺烧脑的。首先要郑重其事地回忆与死者过去的交往，然后充满感情又得小心翼翼地拟好词句。在这方面我经常太投入，总是泪流满面地、搜肠刮肚地找到合适的对子。准备好笔墨纸砚之后，还要把四尺的白宣纸裁剪好，留出燕尾。更要一遍遍地练习几次，安排好间距和格式。最后才开始正式写，这个过程又有可能写错或改动。写好一副挽联，至少需要一两天的时间。写完觉得身心特别疲惫，说实话，写挽联应该算书法创作中最投入情感的创作。如果有个挽联大展，那一定惊天地泣鬼神吧。可惜，挽联是一定要烧掉纪念逝者的，所以根本不存在挽联大展的可能性。

我并不知道花圈到底多大，每次写挽联不是长了就是短了，总之，从来没合适过。这一次，因为我买的是鲜花做的花圈，没想到那么大，挽联只有圆的直径那么长，没垂下来，想到我的朋友生前是个完美主义者，我没设计好挽联的长度，觉得真对不起朋友，好不尴尬。好在这一次，我终于不得不承认，其他朋友们所用的现在的电脑打印的挽联，都显得比我费那么大劲、流那么多眼泪鼓捣的挽联更恰如其分一些。所以，我决定，以后不再给任何人写挽联了，还是让专业人士干吧。

再回到"贵生"这一章。因为写这一章时正巧经历了朋友的丧事。再加上最近几年与亲人的生离死别，我开始严肃告诫自己：再也不能假装没死这回事了。

我在2018年画"贵生第五十"这一章节时，明白了为何秦汉以前儒家与道家都谈论道，但儒家引领的一直是非常积极地生的态度，很少有积极地直面死的态度。为什么孔子不大谈论死亡？或许因为有《道德经》，《道德经》谈生死的问题。学习道学，身体弄不好，就是笑话。古老的中医药学，无不与《道德经》相通相和。道教最注重养生，把养生当哲学谈的只有道教。

人和世界都会常有不和之气，这些会导致各种危险。只有直面死亡，才能觉悟养生。

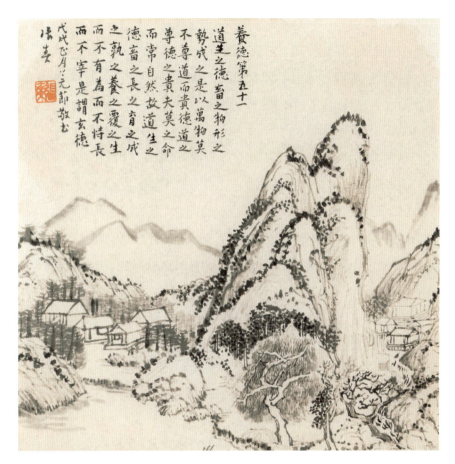

养德第五十一

　　道生之，德畜之，物形之，势成之。是以万物莫不尊道而贵德。道之尊，德之贵，夫莫之命而常自然。故道生之，德畜之，长之育之，成之孰之，养之覆之。生而不有，为而不恃，长而不宰，是谓玄德。

歸元第五十二

天下有始以爲天下母既知
其母復知其子既知其子
復守其母沒身不殆塞
其兌閉其門終身不勤
開其兌濟其事終身不
救見小曰明守柔曰強
用其光復歸其明無
遺身殃是謂習常

戊戌二月 蔡永抄

归元第五十二

　　天下有始，以为天下母。既知其母，复知其子；既知其子，复守其母，没身不殆。塞其兑，闭其门，终身不勤。开其兑，济其事，终身不救。见小曰明，守柔曰强。用其光，复归其明。无遗身殃，是谓习常。

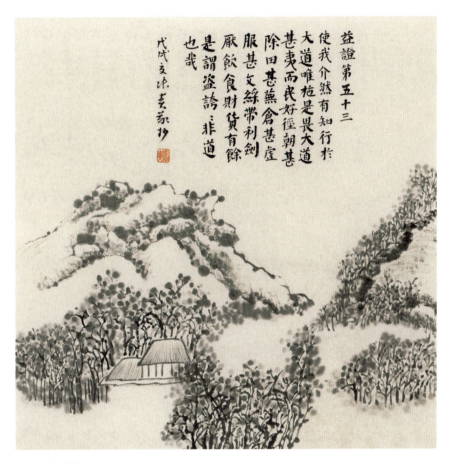

益證第五十三

使我介然有知行於
大道唯施是畏吳大道
甚夷而民好徑朝甚
除田甚蕪倉甚虛
服甚文綵帶利劍
厭飲食財貨有餘
是謂盜誇非道
也哉

戊戌文溪袁蒙抄

益证第五十三

使我介然有知，行于大道。唯施是畏。大道甚夷，而民好径。朝甚除，田甚芜，仓甚虚，服文彩，带利剑，厌饮食，财货有余，是谓盗夸。〔盗夸〕，非道〔也〕哉！

修观第五十四

善建者不拔，善抱者不脱，子孙祭祀不辍。修之于身，其德乃真；修之于家，其德乃余；修之于乡，其德乃长；修之于国，其德乃丰；修之于天下，其德乃普。故以身观身，以家观家，以乡观乡，以国观国，以天下观天下。〔吾〕何以知天下之然哉？以此。

修观第五十四

　　首先要说四个人：范宽（约950—约1032）、董其昌（1555—1636）、石涛（1642—约1707）、莫奈（1840—1926）。本想提到更多的人，但我毕竟不是写美术史。

　　众所周知，范宽在《溪山行旅图》中用了很黑的和彩色的雨点皴。就是他的这些点，影响了我的绘画。

　　董其昌被公认是扭转文人画乾坤的创作者。"元四家"之后，"文沈体"几乎带错了文人画的走向一百多年。董其昌第一次从艺术风格上将山水画分为南北宗，而非地域性区分，使文人画成为明末画坛的正统。他主张文人画应创新发展笔墨的更多可能性。为此他仔细地以笔墨技法区分院体画和文人画。他甚至提出南宗者长寿、北宗者短命的说法，把文人画夸大到可以养生的地步。

　　董其昌在其藏于美国纳尔逊-阿特金斯艺术馆的《仿古山水册》中的《杜陵诗意》《杨用修雨中遣怀曲》两幅纸本设色山水画作中，明明白白地把范宽式"山头皴"用更斑斓的色点点在山头。董其昌不是第一个用彩点的人。但他画的彩点已成为我明确可以借鉴的学习资料。

石涛、八大、王原祁、陈洪绶、龚贤等人皆受到董其昌文人画精神的召唤，他们都是真正学到董其昌精神的大家。

在石涛的山水中，继承了前人彩点的画法，尤其他的大而湿的点，源于王蒙。

"元四家"中，如果只选一幅最让我心服口服的作品，当属《青卞隐居图》。当我在上海博物馆，一个人站在这幅真迹面前时，我受到了巨大震动。山水画从未让我感受过画者的疯狂，但这幅画尤其是前景和中景部分，让我感受到创作者笔墨的才华横溢和画家在精神世界自在遨游的癫疯肆意，其中最吸引我的除了创新、冒险的构图外，就是那些浑点、破竹点、胡椒点、破墨点……王叔明的这幅画，在我看过的所有山水画中，皴点是最大胆、繁复、杂乱的一幅，但是对我的启发也最大。

王蒙、董其昌、石涛、龚贤皆是点画高手。就彩点来说，无论董其昌那些可以堪称印象派鼻祖的斑斓彩点，还是石涛大而湿的彩点，我都非常喜欢。

石涛很少在题款中承认他在模仿古人，不过，他的确在画中像董其昌那样发展了一些抽象的构图和笔墨意趣，他比"四王"在这方面走得要远些。换句话说，他更多地表达了个人的诗意。这一点，他不同于董其昌和其他人。他不代表任何正统派别，他只代表他自己，包括他的书法，也仅仅代表他自己。这正是我喜欢石涛的原因。

山水画，能显示个性的部分只有两个元素，一个是好的笔墨，这个追求，唐、宋、元、明、清，从来没有改变过；另一个是构图必须有新意，在这一点上，可以说，做得最突出的就是王蒙、董其昌、陈洪绶、梅清和石涛。石涛显然受梅清影响很大。但很快，他就反过来又影响梅清了。"元四家"除王蒙外，其余三家，尤其倪瓒，构图极简练、富有逻辑。

比起范宽时代，董其昌和石涛时代在材料上有了更多的优势，那就是用到了好纸和区分非常细致的颜料。纸毫无疑问比绢更适合笔触和墨色的表现力。明代晚期之后，比起宋元，颜料种类丰富了许多，颜料成本、材料成本大幅度降低，品质应比以前好得多。再加上毛笔的品种也有了变化，这些都使得明代的画作容易显得光滑、细腻、快速。以致"文沈体"，尤其文体，使山水画过于精致。董其昌不喜欢文体，但我还是从文体学到很多。

自古以来，无论画家还是收藏者，对好笔墨的追求惊人地一致，但从来没有人把这一点特别明确地提出来。董其昌是第一个明确倡导要有好笔墨的人。他不但是传统好笔墨的维护者，也是身体力行发展笔墨最大可能性的实践者。他画得非常慢，有时候，一本只有十幅小画的山水册页，要画一年。他的那些用不同色彩直接皴点的画，实在是太美了，远看什么都看不出来，近看，色彩的丰富度正像一个多世纪之后的欧洲印象派点彩。

王翚五十岁以后，开始用一大堆点画画，他显然受到董源、范宽等人的影响，最典型的例子是他临董源的《夏景山口待渡图》中的稍微拉长了一点的雨点皴，虽然远不如董源的圆柔，但也自成面目，称得起是雨点皴画法最新的典范之一。

什么是雨点皴？我观察过铺有水泥地的小院子里的雨景。雨开始下起来时，水泥地还没全湿，前面的雨点砸到水泥地上很快被吸收，雨点的颜色变浅，后面的雨点又砸下来，颜色很深。如果注意观察，每个雨点不但不会重叠砸在同一点上，而且先后颜色不同，但无数雨点的痕迹在水泥地全部变湿之前，绝不会混淆。这就是雨点皴画山石层次的自然原理。我后面还会仔细阐述皴点。无论范宽的"山头点"还是董源的雨点皴，都比王翚的含蓄优雅得多。王翚后期自成面目的画，在很多方面是与文人画相反的。

在西方，1841年，铅锡管的发明极大地推动了油画艺术的普及与发展。印象派被认为相当于中国的文人画。印象派画有很多特点都是铅锡管颜料带来的。它模糊的轮廓和造型，不论让构图还是所画的对象都呈现出一种天然的抽象能力。它不再像古典绘画那么精确和清晰。但它却在考验画者的构图与色彩能力。同时，它们天然带有某种不确切的反装饰特征。比如其中的代表人物毕沙罗和莫奈，尽管他们的画法和风格都不一样，但绝不是修拉。修拉相当于文徵明，而毕沙罗和莫奈则是董其昌和石涛。回到莫奈，他几乎是最早那批借助了铅锡管颜料的便利，可以在写生时，带上小小的五管颜料（据说莫奈最常用的只有五种颜色），在画布上自由"皴点"的印象派大师。他用来稀释油画颜料的媒介剂是混合油脂。先不论色彩的品质，无论如何，铅锡管颜料比手工颜料更便宜和细腻。比起薄画法，点彩这种直接画法使用的颜料要多得多，但19世纪无论亚麻布还是颜料的成本都远远低于17世纪伦勃朗时期。莫奈可以画出色彩高潮迭起的《日出·印象》《睡莲》，第一功臣就是铅锡管颜料。

东西方对比而言，明代后期也好，19世纪的欧洲也好，绘画材料的成本都大大降低了，而绘画材料的丰富性却大大提高了。换句话说，东西方绘画艺术的门槛都比原来降低了不少。这既是自由而文雅的文人画发展的物质基础，也是其毁灭的基础。

再说一下石涛。现藏于纽约大都会艺术博物馆的《野色册页》简直就是山水小品画中点彩的典范，也是我定向学习的目标。比起董其昌和王蒙，他颜色用得更绚烂多姿，却毫无俗气，非常雅致。

依据前人的示范，我画这幅"修观第五十四"山水，意味着我真的进入正题了——我已经立定的目标，让《道德经图》更多以山水精神呈现。

对我来说，中国山水中的彩点与西方文人画印象派的点彩，就像中国的勾股定理和古希腊毕达哥拉斯定理一样，都是人类对自然的认知与模仿。我将要做的，就是把董源、范宽、董其昌、石涛一脉相承的"彩点皴"的画法再向前发展一步。彩点和点彩是在色彩表现力上很相似的画，只不过使用材料不同。从唐宋开始，中国文人字画就依赖于好的笔墨，而印象派到了19世纪才懂得用类似皴法的油画笔触尽情表现精神世界。中西相比，彩点皴要含蓄得多，中国颜料和中国纸决定了彩点皴再怎么色彩艳丽，也不会出现油画点彩那种宝石般的光泽。这也正是山水画的审美理念，它一定是收敛的，它凝聚的是静气与柔和，它从内部发出精神之光。

自古书画同源，书法让中国画题款上也有文章可做。比如，在画上可以抄写经文。

从这幅画开始，我创作《道德经图》到了为艺术而艺术的愉悦阶段。我专心致志于两个大方面——结构与笔墨。"善建者不拔。"[1]以道法创新，就是道法自然。自性就是自然。

近年来我几次想像别的画家一样，将山水画改画成油画，但是，因为一个本质的问题无法解决，我无法这么做，那就是中国画绝不能丢失笔墨，离开笔、墨、色、纸、砚，山水就什么也不是。山水画在宣纸上，其

---

[1] 修观第五十四。

色彩是偏灰的，这既与中国色的天然性质有关，又与宣纸的吸水性有关，还与有些颜色中必须要加入少量的墨有关。材料决定了它的笔墨、色彩都很含蓄。

"抱一"是拥抱道的虚气以生生的自然养生之态。"画道"是生命精神追求的一部分，中西方绘画之间从古至今的缝隙越来越大，这个大裂缝如此空虚，才可以有很多内容。因其虚，也自然会有冲和之气可以创造出新生命。这个虚空的缝隙中的生命是两种文明的差异与共通的部分折射出来的光造成的新空间，它明明白白呈现在我的眼前，我又怎能视而不见？

把一切都交给自然吧。如果范宽、董源、八大的笔墨和皴法不是来自自然，那中国画就该被否定。如果我不是从范宽的雨点皴或芝麻皴开始深入认识皴点，不是看到董其昌、石涛的彩点受到启发，如果我没有读出郭熙的气韵，如果我看不出董源的浑圆收敛，中国画对我等于没有吸引力。

同样，如果我否定印象派的美，也是自欺欺人。我相信，董其昌、石涛如果见到毕沙罗和莫奈的点彩，绝不可能无动于衷。

如履薄冰，战战兢兢。我何德何能这么说这么做啊？但这已不重要，既然到这儿了，就做吧。

第七单元

戊戌盛夏·光而不曜

皴彩

（2018 年 5 月 26 日—2018 年 6 月 4 日）

玄符第五十五

　　含德之厚，比于赤子。毒虫不螫，猛兽不据，攫鸟不搏。骨弱筋柔而握固。未知牝牡之合而朘作，精之至也。终日号而不哑，和之至也。知和曰常，知常曰明。益生曰祥，心使气曰强。物壮则老，谓之不道，不道早已。

玄符第五十五

尽管大多数画家都不会用颜体字落款，但是，从画"益证第五十三"开始一直到"显质第八十一"，为了端正自我教化的态度，我抄写经文改用颜体字。这之前抄经用的都是欧体字。

书画同源，我每天写字不到一小时，从小到大，加起来也就五千多个小时，对于书法来说，还远远不够。我颜体字写得稍微多些，也远未满意。我喜欢《张猛龙碑》，曾经把自己关在家里临习，下定决心写不好就不出门。然后就不分日夜地写。第七天的时候，我已经临习了三通，并且以张猛龙体敬抄了一通《心经》。还有一次三个月内临习了五通《颜勤礼碑》，还写了一篇临习札记，它记录了我从临习颜勤礼角度发现楷书的立体性。有些东西我从十几年前就开始背诵，到现在才勉强记住。如果把读过的与书法有关的书和资料所花的时间也算上，我在书法上花费的时间应超过六千小时了。

我是慢性子，写字很适合我的节奏。但我写字主要是为了识字，而且结局惨淡，到现在，我也不认识几个字。比如草书，我认为写对了很重要，写不对肯定是丑的，写对了才有美的可能。我在草书的背诵上，下了一点功夫，结果呢，看见草书作品，能认出三分之一就不错。

在写字这件事上，我有一点思考。

我们大多数人，写字都用右手。右手写出的字都是左边比较弱，右边比较强。这是很自然的事情，反其道，就是自己跟自己过不去了。因为只用右手，就很难对称和整齐，多少都会显得有点险峻。因此，结字法，第一要素，就应该是右手法则。这个是知道逻辑，本不用强调。

右手是有局限的。古人书法，扬右手之长，避右手之短。汉字书法看起来好看正是因为正视了右手的长和短。

比如楷书，左边的笔画都不强，彰显力量的笔画都在右边，用提按来表现。右手之长和右手之短自然形成笔画强弱、虚实的对比。这一点特别自然。颜楷把这一点更夸张了，左弱右强，上紧下松，形成了颜体字妇孺皆识的风格。学多年颜体的人，肯定和我一样，迟早在某一天会告诫自己："别跟左边较劲好不好？一定要把右边写好。"双钩执笔就是为了增强些左边的笔力。

大脑有映射和模仿功能，只要右边的笔画能写好，左边的笔画自然不会太差。即便如此，写字的人都要特别加强练习撇的写法。撇写得好的书家，一定深具笔法功力。

汉字的对称性，只存在于大脑里，不存在于正常书写。汉字大体上是方的、对称的、平正的，但是，汉字书法的美在于不仅方，不仅对称，不仅平正。右手写出的汉字，自带险绝。它必须有动势，才能气韵生动。这就和一个好看的女孩子一样，五官长得特别端正，如果没有特殊的表情、特殊的妩媚、特殊的眼神，就没有韵味。而有表情的时候，她的眉毛、眼睛、嘴巴，几乎都是偏离了原位的。

画"益证第五十三""修观第五十四"时，都是只用墨，没有用颜色。从节奏上讲，接下来，也该画些彩色的了。

画"玄符第五十五"时，我加大了以往的色彩力度，除少数墨色皴点外，直接用了很强烈的彩色皴点。

画彩色皴点的方法是把彩色皴点当墨法皴点来画。为了避免染色，画面过去的笔墨皴点全部由皴彩完成。这样画出的画，如果用PS转换成黑白图片，就与只用墨画出来的效果一样。

这幅画，尤其画面中心部分，一片缤纷的暖红色点，看上去就像我最初画的那些晶莹剔透的琉璃珠子。

"含德之厚，比于赤子。"[1]我该感激那些珠子。更暗自感念妈妈在天之灵的护佑。我以为连接我们母女的线早就断了。随着《道德经图》的完成度越来越高，我才发现，我与妈妈的连线从来没有断过。我相信，妈妈和我将来会在极乐世界见。

海德格尔说："某件东西的本源乃是这东西的本质之源。"[2]我觉得这幅画乃至整部《道德经图》的本质之源都只是一种精气神，我把它称为"婆罗门女的精神"。这幅画体现的就是这种精神，这种情感通常发生在一些女儿身上，因为通常，而不被认为是一种灵魂需求。

---

[1] 玄符第五十五。

[2]《林中路》中第一篇《艺术作品的本源》。

玄德第五十六

知者不言，言者不知。塞其兑，闭其门，挫其锐，解其纷，和其光，同其尘，是谓玄同。故不可得而亲，亦不可得而疏；不可得而利，亦不可得而害；不可得而贵，亦不可得而贱，故为天下贵。

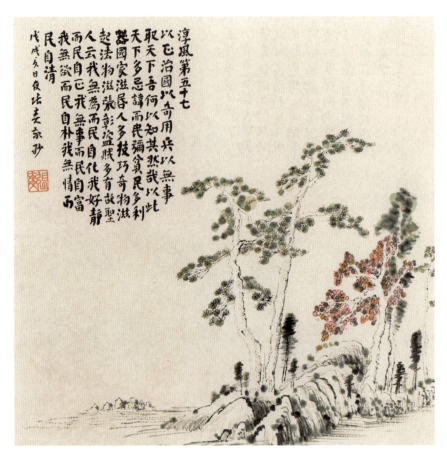

淳风第五十七

以正治国，以奇用兵，以无事取天下。吾何以知其然哉？以此。天下多忌讳而民弥贫。民多利器，国家滋昏。人多技巧，奇物滋起。法物滋彰，盗贼多有。故圣人云：我无为而民自化，我好静而民自正，我无事而民自富，我无欲而民自朴。〔我无情而民自清〕。

顺化第五十八

其政闷闷，其民醇醇；其政察察，其民缺缺。祸兮福之所倚，福兮祸之所伏。孰知其极，其无正，正复为奇，善复为妖。人之迷，其日固久。是以圣人方而不割，廉而不害，直而不肆，光而不曜。

守道第五十九
治人事天
夫唯嗇是
謂早服
謂之重積德
重積德則
無不剋
不剋則莫
知其極
莫知其極則
可以有國
有國之母
可以長久
是謂深根
固蒂長生
久視之道
戊戌冬日敬抄
張炅玉题固为

守道第五十九

　　治人，事天，莫若嗇。夫唯嗇，是谓早服。早服谓之重积德。重积德则无不克，无不克则莫知其极，莫知其极〔则〕可以有国。有国之母，可以长久。是谓深根固蒂，长生久视之道。

老子德经河上公章句卷四

居位第六十

　　治大国若烹小鲜。以道莅天下，其鬼不神。非其鬼不神，其神不伤人。非其神不伤人，圣人亦不伤〔人〕。夫两不相伤，故德交归焉。

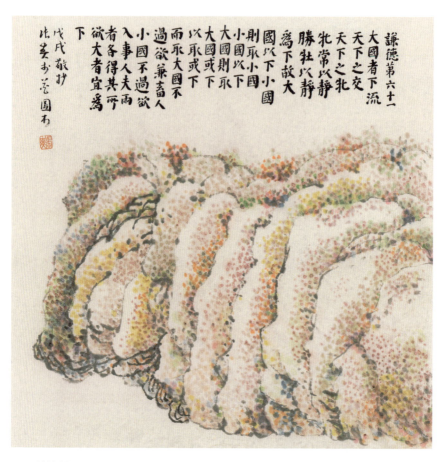

谦德第六十一

大国者下流，天下之交，天下之牝。牝常以静胜牡，以静为下。故大国以下小国，则取小国；小国以下大国，则取大国。或下以取，或下而取。大国不过欲兼畜人，小国不过欲入事人。夫两者各得其所欲，大者宜为下。

谦德第六十一

　　《易经》第十五卦是地山谦卦。上为坤，下为艮，六爻皆吉。"谦德"就是谦卦之德。

　　这幅画，我是完全可以这么画下去的，就像这幅胖墩墩的一片连绵的彩色的绚烂的山。

　　姜思绪堂的传统颜料美极了，一直以来，它都令我心满意足。真没有想到，这幅比"玄符第五十五"还要斑斓，应该是《道德经图》中色彩最强烈的一幅。

　　这幅画几乎谈不上构图，就是有勾勒的部分是实体，留白是水，是云，是天。这幅画有些抽象。

　　笔是安静的，心是安静的，"以静为下"[1]才能让颜色跳动起来。比起画面上的风景，平静的心中的山水比它辽阔，比它严肃。手画出来是这么简单，却很活泼。

---

[1] 谦德第六十一。

这幅画笔墨过于明显。再过就不是我要的山水了。

每一幅画都暴露出一些我能察觉到的问题。我会慢慢调整。笔墨内敛，看不出笔迹才是我要的山水。就是"牝常以静胜牡"的道理。我理解，静就是和谐，就是容纳，就是内敛，就是不露痕迹。笔墨对于山水最重要，但是它应笔笔处下，不动声色，看不出笔迹。我还远未做好。没有什么能阻拦笔墨生生不息，它们安静地流淌，一幅画悄悄地、慢慢地完成，一个世界，一个时空被无声无息地创造出来。

最古老的皴法应用于生绢。这是不争的事实。从宋末开始在纸上画山水这件事本身就是个颠覆，其实在生绢上的皴法和在纸上的皴法完全是两回事。董其昌的南北宗划分与纸有很大关系。至少在元代就有了起毛吸水的纸。"元四家"笔墨优雅于前代的主要原因是用到了这种效果的纸。范宽、董源的雨点皴是在绢上画，用的是比较硬的毛笔，基本不会洇。

《道德经图》中，我画的那些梅花是在生宣上完成的，我用的是羊毫笔，不论是用墨还是用颜料，笔稍微湿润一些，雨点皴就变成了王蒙、石涛那种湿乎乎的大点。

笔墨有圆感，毛茸茸的，才是好笔墨。毛笔毕竟有尖锋，一笔下去有尖有棱，却要用好的笔墨意识自然而然而不露声色地消去这些细微的硬处，让它看上去圆乎乎、毛茸茸的，这对我来说不是那么重要。受王蒙启发，我觉得尖的、圆的、方的，所有点的形状都好看。点可以建立秩序，也可以破坏秩序，我更倾向于用凌乱一些的皴点。

为道第六十二

　　道者万物之奥，善人之宝，不善人之所保。美言可以市，尊行可以加人。人之不善，何弃之有。故立天子，置三公，虽有拱璧以先驷马，不如坐进此道。古之所以贵此道者，何不日以求得？有罪以免耶，故为天下贵。

为道第六十二

"为道第六十二""恩始第六十三"这两幅都是仿龚贤《千岩万壑图》笔意。

沈周对"元四家"充满了崇敬，他在自己的风格形成后，仍旧在作品上题写"仿某某笔意"。文人画中这种在题款中把自己的绘画成就归功于前代大师的习惯，就是从沈周开始的。我仿龚贤，也是向大师致敬。龚贤的皴点很重，每一笔都显示出了他的笔墨面目，连小孩子也能一眼看出他的山水风格。

实际上，好笔墨就是一位画家的DNA，性格使然。笔墨无论怎么学习，都会带有天赋特征。最终，某一位大师的笔墨，你可能学得很像，但仍旧能够清楚地识别。好笔墨最终拼的是天赋。

近年仿了一些山水画。觉得龚贤是在纸上呈现好笔墨的大师之一。他的皴法显然来自范宽和董源，但自成面目。他的画全部皴点完成，几乎从来不染色，画面显得陌生而抽象。

龚贤是讲故事的高手。他把他遇到的故事讲给晚辈孔尚任听。孔尚任根据龚贤的故事创作出《桃花扇》，这两位诗人之间是忘年交。我三下南京，却都没有去成他的故居，太遗憾。

龚贤十三岁跟董其昌学画，二十六岁崇祯自缢，他去了扬州。他十几岁开始结识复社成员，二十二岁曾入南京栖霞寺，投觉浪道盛门下，成为居士，法名为"大启"。所以，他对复社、栖霞山非常了解。龚贤将他所了解的复社和栖霞寺的故事讲给了比自己小将近三十岁的孔尚任。

龚贤最后两年跟孔尚任交往非常密集，他把最精彩的故事献给了朋友，最好的画留给了未来。他七十一岁仙逝。孔尚任为龚贤做诗《哭龚半千》五律四首，还照顾龚贤的孤子，并将龚贤葬在故里昆山渡桥镇。

明末清初的文人士大夫，要么成为贰臣，要么选择隐居或出家，要么反清复明屡战屡败，几乎只有这三条路，没有一条路是平坦的，都十分险恶。龚贤投身过政治，但最后还是选择了隐居。他将汉族人的传统全部记录于他画的山水中。最重要的是，他又创造了新的传统。

"图难于其易，为大于其细。"[1] 我仿龚贤，如果画得和他一样，对不起半千先生的笔墨教诲。

---

[1] 恩始第六十三。

恩始第六十三

　　为无为，事无事，味无味。大小多少。报怨以德。图难于其易，为大于其细。天下难事必作于易，天下大事必作于细。是以圣人终不为大，故能成其大。夫轻诺必寡信，多易必多难。是以圣人犹难之，故终无难。

第八单元

戊戌酷夏・被褐怀玉

彩媺点

（2018年6月5日——2018年6月20日）

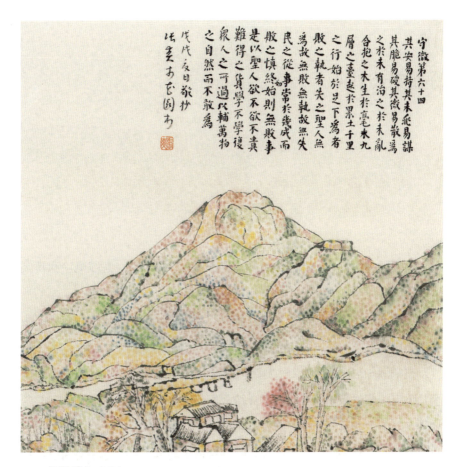

守微第六十四

　　其安易持，其未兆易谋，其脆易破，其微易散。为之于未有，治之于未乱。合抱之木，生于毫末；九层之台，起于累土；千里之行，始于足下。为者败之，执者失之。圣人无为故无败，无执故无失。民之从事，常于几成而败之，慎终如始，则无败事。是以圣人欲不欲，不贵难得之货；学不学，复众人之所过，以辅万物之自然，而不敢为。

守微第六十四

这幅画一画完，就有一位老师为了鼓舞我，说喜欢，想收藏。我其实可以卖，再画一幅不就行了嘛。但这幅画的命运是《道德经图》。

事实上，这幅画接续了2000年我的写生模式，同时也是我2019年那些写生模式的序幕。它只是我想要的山水的样式之一。

整幅画彩点很好看，经文题写在江山之上，密密麻麻的颜体小楷。全画几乎无一笔线条皴擦，也几乎无浓墨打点，全都是好看的绿色倾向的各种彩点。山体就像美丽的装饰物，悬浮在纸上。

这幅画在构图和设色上都好。我发给PP，他竟然说，这幅画可以当我们家的传世之宝。PP有时为了鼓舞我，说的话我都将信将疑。他把我当成脆弱、敏感、爱哭的女人，从未非常严肃地把我当成艺术家看。这一点让我很放松。PP也是唯一我创作时可以容忍待在我身边的人。他对我的创作毫无好奇心，该干什么继续干他的。他把我画画、写字都当作是和他打游戏差不多的娱乐。甚至我创作时的情绪波动，他也认为和游戏输赢时的情绪波动是一回事。

我有一次提醒他打游戏太耽误时间了。他却说："你写字更没意义。"当时就把我说哭了。

他有一回曾经对我的一篇散文有微词，把我又说哭了不说，还令我沮丧欲绝。那天他被我吓坏了，连夜躲到别处。从那以后，PP对我的评价都改以鼓励为主。鼓励所分的级别其实还是表达了他的看法的，只是换个说法而已。比如说"挺好的""还行"，那就代表不怎么样；"真好看"是他觉得还可以；"太好了"说明他被打动了；"我喜欢"那是他真觉得不错。可是那天他看了我给他发过去的"守微第六十四"图片，他大概正遇到什么高兴事，竟然说要把这幅画当我们家的传世之宝。我当时惊叹，他可真是越来越会哄我了。

我也不能强迫一位石油专业的工程师，在创作上给我多少建设性指导。PP能欣赏我的作品，这是我嫁给他的主要原因之一。我们俩都没料到，作为丈夫，他还得具备在我的创作上起到精神支柱的作用。换句话说，我这些年，把PP逼迫成了不但能欣赏我的绘画、诗歌、散文、戏剧各类作品，还能找到好多不一样的词句时时鼓舞我的"评论家"。不论是诗歌、散文、书法还是绘画，他现在都能说上一番，也不知他是怎么自然而然就做到的。

不过这些在PP身上的变化，他自己是意识不到的，他也压根儿不把这些评论当回事儿。但我知道，他哄我的本事可真的是越来越不简单了。

再说回这幅画，其实我恰恰被PP的鼓舞提醒了，如果妄图一下画到古人的境界，或者企图让大家都觉得我是艺术家，就像企图PP真把我当艺术家一样是虚妄。我想好了，这部《道德经图》完成了，我就送PP一部新手机，感谢他坚持不懈的鼓舞。但PP对我要送他手机也无感。这事就不了了之了。反正来日方长。

"合抱之木，生于毫末；九层之台，起于累土；千里之行，始于足下。"[1]从第一幅到现在，我一直在静静地画这些微不足道的小画。因为它们微不足道，所以都看不出来它们是怎么把我一点点从痛苦、愤怒、恐惧、失望、遗恨中拯救出来的。看来，我是在以这种方式向《道德经》寻求庇护，《道德经》已经给了我。我继续慢慢画就是了。画得不好、画得好，我都已经获得了拯救。

"慎终如始，则无败事。"[2]从惜缘的角度看，我重视这次机缘。不是每个人在遇见人生灾难的时候，都能幸运地奔跑着找到《道德经》。这份缘分对我来说是奇迹。我从小散漫到大，遇事消极，几次遇见进入精神家园的入口。既然这次入口又赫然亮在我面前，我又处在似我非我的时间段，我得在里面找到那个最像我的我。

---

[1]守微第六十四。

[2]守微第六十四。

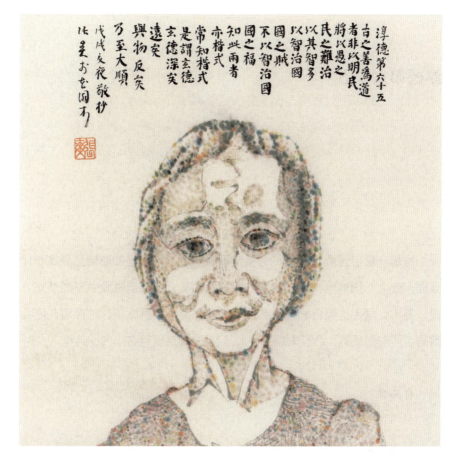

淳德第六十五
古之善為道者非以明民
將以愚之
民之難治
以其智多
以智治國
國之賊
不以智治國
國之福
知此兩者
亦楷式
常知楷式
是謂玄德
玄德深矣
遠矣
與物反矣
乃至大順
戊戌又夜敬抄
佐美於玄園有

淳德第六十五

古之善为道者，非以明民，将以愚之。民之难治，以其智多。以智治国，国之贼；不以智治国，国之福。知此两者亦楷式。常知楷式，是谓玄德。玄德深矣、远矣，与物反矣，乃至大顺。

淳德第六十五

　　这是一幅自画像。很久没有画自画像了。每当我想知道自己到底长什么样，就会仔细地画一幅自画像。我的丑和美，会在自画像中渐渐展露无遗。其实，画完这幅自画像，我几乎都不想再画自画像了，这件事儿挺残酷的。"与物反矣，乃至大顺"[1]，我把这种感受写在了我的诗里。

自画像

　　细缓的炊烟被排风扇的噪音遮掩
　　她暂停日剧
　　纠结地照着镜子画
　　自画像

---

[1] 淳德第六十五。

她的脸有些扭曲

习惯下笔之处都得错位

而且明显不对称

她尽量把眼睛画得不露怒气

把微笑画好

这幅画叫

《张爽的微笑》

她发现了重奏簇皴法

这都不能让她高兴

她给PP发去自画像

他说：脸画宽了而且

这么忧愁

她本来就沮丧

听他这么一说

哇地哭了

（2018年6月30日）

　　这首诗中的"重奏簇皴法"是我给"点彩皴"画法起的夸张的技法名称。也是我画这幅自画像的主要技法，我将在后面的文章里慢慢阐释。

后己第六十六

　　江海所以能为百谷王者，以其善下之，故能为百谷王。是以圣人欲上民，必以〔其〕言下之；欲先民，必以〔其〕身后之。是以圣人处上而民不重，处前而民不害，是以天下乐推而不厌。以其不争，故天下莫能与之争。

后己第六十六

这幅小画在构图上只是江边园林中的一个小角落，画的右下角是近景，两间小屋和一小片竹林构成一个山石围拢的小院。在山峰顶部，有一处平台，上面有一座毛亭和一小片松树林。中景是一座小小的孤岛，岛上没有房子，只有几棵树。远景是一片山。

这是最简单的三段论构图法。我反复实验过多次，三段论每每因为少一个远景段落，而不能形成平远的效果。

山水构图准则程式化很厉害，就是高远、深远、平远，难在不俗。抛开董其昌的南北宗不论，我理解古人害怕的俗，第一是指精神上毫无追求，这是俗到灵魂里了；第二是指笔墨懈怠油滑，流于形式；第三是指过于匠气迂腐。简化一下就是精神、笔墨都要有书卷气。再追究一步，什么是书卷气？最首要的应该是道家提倡的人道主义，它指向养生、自然、朴素、内敛、不争、慈德、勇德……简言之，"以其不争，故天下莫能与之争"[1]，或者干脆"圣人之道，为而不争"[2]。这也是画者以绘事静心修行的像样状态。

人的一生都在修行，修行的宗旨是增强心力，觉悟自性。尤其自己喜欢的事情不能随便放弃。一个人喜欢什么，百分之七十是基因决定的。基因是个奇迹，人无法彻底掌握基因运算，它的算法远远不是数学那么简易。从这一角度观察自己，你的喜好到底是谁赋予的呢？它一定不是简单的那句"父母给的"。基因具有某种神性，人类在这个领域内，小心翼翼地研究，被称为"基因工程"，其实就是基因运算。这是人类最冒险的旅程，因为谁都心知肚明，研究成果一旦应用就冒犯了神。

"我"画一幅画，觉得好看，这种感官的强烈感受，不来自传统和古人，来自自性中固有的审美。什么是自性中固有的审美？就是任凭欣赏大千世界的各种美，却不以外界任何影响为转移的基因自带的天赋审美能力。"我"有"我"自己的审美原则，这是神赐的能力。不论它多么与众不同，或者对于世界多么微不足道，它都是极其宝贵的感受。人背叛不了自己的感受。

即便是在学院中学到很多技法，都不能做放弃灵魂的毫无热情的机械模仿，人哪怕模仿自己，重复自己，都要求变，否则也是偷盗。

而中国画，是要临摹古人的。但是临摹自古不算偷盗，为什么？就是因为临摹者创造出了另外一个世界，显示出了自己的精神气质。这种精神是与健康身体相匹配的，是属于自己的。所以，如果你看到沈周在落款中

---

[1] 后己第六十六。

[2] 显质第八十一。

题记仿某位古人笔意时，你会看到沈周自己的面目，他有充足的自信表达他自己的技法和精神，这些绝不是古人的。神赋予了他认同古人的审美基因，他画每幅画，都是向神致敬。这与石涛很少在落款中题记仿某位古人笔意一样，他相信神安排了他创新的能力，他也必须向神致敬。很多人具有"不争"之德，因为他已被神安排，他只能一意孤行。

三寶第六十七

天下皆谓我大，似不肖。夫唯大，故似不肖。若肖久矣。其细〔也夫〕。我有三宝，持而保之：一曰慈，二曰俭，三曰不敢为天下先。慈故能勇，俭故能广，不敢为天下先，故能成器长。今舍〔其〕慈且勇，舍〔其〕俭且广，舍〔其〕后且先，死矣，夫慈，以战则胜，以守则固。天将救之，以慈卫之。

三宝第六十七

　　我认为这篇无疑是《道德经》中最具人道主义的章节。因为它讲慈。

　　最近在听一位老师讲《碧岩录》。其中第二十则的禅宗故事很有意思。故事其实很长，简单说，就是龙牙禅师自认为祖师西来无意，却硬要问翠微禅师、临济禅师、洞山禅师，直到洞山说："待洞水逆流，即向汝道"，龙牙禅师才明白，原来祖师西来"无意"或者"有意"都与自性无关。后来龙牙和尚也成为一代老禅师，有很多学生，其中一位学生问："知有底人，为什么却有生死？"他回答："恰似道者未悟时。"

　　龙牙禅师有一首诗："朝看花开满树红，暮看花落树还空。若将花比人间事，花与人间事一同。"

　　雪窦禅师写这则公案的颂古偈诗有两首，其中第二首是在唱和龙牙的偈诗："卢公付了亦何凭，坐倚休将继祖灯。堪对暮云归未合，远山无限碧层层。"此处"卢公"指的是雪窦禅师自己。

　　这首诗最后两句深深触动了我，"堪对暮云归未合，远山无限碧层层"，它让我突然知道，如果不能了悟生死，就不能大彻大悟。

而恰恰正在这时，我在读《道德经》"三宝第六十七"，并写这幅图的创作札记。《道德经》此篇说："我有三宝，持而保之：一曰慈，二曰俭，三曰不敢为天下先。"此处所讲的"慈"，再加上雪窦禅师的两句诗，让我一下想起我奶奶。

在写"无用第十一"那幅画的创作札记时，我说过，我从四个月大就跟着我奶奶了，四岁去了寄宿幼儿园，六岁多又回到奶奶家。那以后，对妈妈是不是接我回家不太在意。

有一天，妈妈来奶奶家看我，突然说对我说，快过节了，下回再来奶奶家时，就接我回家住几天。接下来的一些天，我竟然对回家有所期待了。

妈妈来的前一天，奶奶给我洗澡，换上了干净的衣服和一双大姑姑刚给我做的新布鞋。奶奶叮嘱我回家后要听话，如果我淘气，她就不要我了。这些仪式显得很隆重，弄得我有点不知所措。尤其穿上最疼我的大姑姑给我做的新鞋，我真有点舍不得。大姑姑每年都给我做一双新布鞋，因为我跳皮筋特别废鞋，所以，我平时只穿买的鞋。

我有些怯懦地想象着妈妈家里的情况，记得最清楚的是，北屋的卧室里只有一张很大的双人床，平时是妈妈跟弟弟睡觉的地方，爸爸睡客厅里的单人床。我曾经回家几次，都变成他们仨睡一起，我一个人睡客厅的单人床。我焦虑地告诉奶奶："妈妈家没有我睡觉的地方。"

奶奶说的答案更令我恐慌："西屋还有一张单人床吧。"

我抱着奶奶的胳膊不放："奶奶，我不想住妈妈家的西屋，我不想回妈妈家。"

奶奶给我打气："咱们不睡西屋，咱们让你爸睡西屋。"

我还是很担忧："奶奶，我也怕睡外屋。"

奶奶给我梳头："哎，没吃够奶的孩子。"

那天夜里我睡觉时，紧紧搂着奶奶的胳膊不放。

第二天，我放学回家时跑得飞快。一进门，奶奶说妈妈来了。我高兴地问奶奶妈妈在哪儿。奶奶给了我一包新衣服，是妈妈亲手给我做的一条绲了边的半裙和同色绲边小夹衫。我立即就明白妈妈违背了对我的承诺，已经走了。

我本来想忍着不哭来着，可自己不争气，哇的一声大哭起来。奶奶给我盛好饭，我一口也没吃，一个劲儿哭个不停。

那天，爷爷一直不吭声，默默吃饭。

奶奶最怕我哭，没办法，只好领着我去遛弯。奶奶说我特别小的时候一哭，只要她抱着我出门遛一小圈儿，我就不哭了。那天奶奶拉着哭哭啼啼的我，走了很远的路，到了粮店买了一大包糖炒栗子，又拉着我去了一家我上学路过的小店铺买了一包橘子糖。一通慰藉，我果然不哭了。

到家以后，爷爷早就吃完饭了。他可能嫌我哭闹，出去找李爷爷下棋去了。奶奶又把饭重新热好，我们祖孙两个这才吃上午饭。记得那天奶奶收拾完碗筷，照例催我睡午觉。我哭得头昏脑涨，很快就睡着了。

醒来时，看见奶奶正在揉脚。这个画面我刻骨铭心。

直到看到雪窦禅师的诗，看到《道德经》"三宝第六十七"，我眼前突然又浮现出奶奶揉脚的画面，泪如雨下。

奶奶是缠足，脚特别小。她平时站着做饭脚都疼，最怕走路。可是那天，她为了让我心里好受些，带着我遛了一大圈儿，还给我买了糖炒栗子和橘子糖。

　　我当时看见奶奶揉脚，第一次对奶奶是老人稍有感觉，一丝莫名的疼痛让我把那幅画面刻录在了我大脑深处。奶奶的生命如暮云彩霞般会消失，但她对我的疼爱，正如远山碧层层。即便我的生命有一天消失，只要这篇小文章还在，只要这幅温暖的小山水画还在，只要有人读《道德经》"三宝第六十七"和雪窦禅师的偈诗，她老人家的慈悲就在。

配天第六十八
善為士者不武
善戰者不怒
善勝敵者不與
善用人者為下
是謂不爭之德
是謂用人之力
是謂配天
古之極

戊戌
夏日
張真
敬抄

配天第六十八

　　善为士者不武，善战者不怒，善胜敌者不与，善用人者为下。是谓不争之德，是谓用人之力，是谓配天，古之极。

玄用第六十九

用兵有言：吾不敢为主，而为客；不敢进寸，而退尺。是谓行无行，攘无臂，仍无敌，执无兵。祸莫大于轻敌，轻敌几丧吾宝。故抗兵相加，哀者胜矣。

知难七十

　　吾言甚易知，甚易行。天下莫能知、莫能行。言有宗，事有君。夫惟无知，是以不我知。知我者希，则我者贵。是以圣人被褐怀玉。

知病第七十一

戊戌夏敬抄
法美

知病第七十一

知不知上，不知知病。夫唯病病，是以不病。聖人不病，以其病病，是以不病。

知病第七十一

知不知上，不知知病。夫唯病病，是以不病。圣人不病，以其病病，是以不病。

愛己第七十二

民不畏威，則大威至矣
無狹其所居
無厭其所生
夫惟不厭
是以不厭
是以聖人
自知不自見
自愛不自貴
故去彼取此

戊戌亥永抄

爱己第七十二

民不畏威，〔则〕大威至矣。无狭其所居，无厌其所生。夫惟不厌，是以不厌。是以圣人自知不自见，自爱不自贵，故去彼取此。

第九单元

夏去秋来·疏而不失

点彩皴

（2018年6月21日—2018年8月9日）

任为第七十三

勇于敢则杀，勇于不敢则活。此两者，或利或害。天之所恶，孰知其故？是以圣人犹难之。天之道，不争而善胜，不言而善应，不召而自来，繟然而善谋。天网恢恢，疏而不失。

任为第七十三

这幅画，我要谈的是"勇于不敢"的勇气。做一件事情不仅需要有标准，最重要的是得知道有所不能为。

谈到"勇于不敢"，让我想起一件事，事情虽小，却责任重大。

我的朋友马志强每年都邀请我到中央美术学院做一次编剧讲座。志强是设计系基础部的老师，他让我给他的学生们讲讲怎么编"故事"，另外，再讲讲诗歌。

我曾在中戏给我的导师杨健做过三年助教，具体内容就是给戏文系学生讲导师的编剧法课堂讲义《拉片子》。每次一讲就是一个学期，都由老师指导，相对轻松得多。

离开中戏多年，导师又出几部大书，我不得不读书跟进。

我在美院的前几次讲座，都是从创作法角度讲的，其中包括戏剧、电影、绘画、诗歌。

2021年3月底，再次接受志强的邀请。这次，我决定讲《拉片子》。尽管美院的学生可能跟中戏的学生隔着一条大河，他们将来也未必当编剧，但我还是想让他们听到专业的编剧课。

将一个学期的课浓缩于三个半小时的讲座中，几乎是不可能的，所以求见了导师。

在见面的两小时中，杨老师和我没有时间寒暄、聊天，他直接开讲。杨老师谈了他近期对电影、戏曲、故事的理解和认知。临别前，送给我他最新一版的《拉片子》。

回家后，我还是心里没底，但已决定拉《大闹天宫》。我将新版《拉片子》中老师最新更新的部分做了读书笔记，又花了一周时间做了《大闹天宫》拉片子的教案。讲课的时候，配合《哈姆雷特》《西厢记》《教父》等戏剧、戏曲、电影，总算完成了这次讲座的任务。

当然，想在三个半小时中，讲完这么多内容，时间远远不够用。但这次讲座效果很好。一位同学听课后告诉我，他想选择电影作为专业。看来，我的课或许已经在他心里播下了电影创作的种子了吧。我对他说：多看片子，勤做笔记。也不知他听懂了没有。

专业就是不怕麻烦。跟随恩师学习，养成一个习惯，看电影时快速笔记，然后将结构框架精确地拉出来。这个看似不难，但得手头勤快，非专业的人很难做到。不算扔掉的，到现在，我的书架上还有一大摞本子，里面全是拉片子笔记。

每次答应志强去讲课，都害怕讲不好。学生付出宝贵的时间用来学习，我耽误不起。"勇于不敢"就是不能妄为，做事之前准备充足。即便如此，我也还有那么多没讲。我没时间告诉他们为何要拉片子，也没告诉他们学会欣赏和能够创作是两回事。

我曾在美院、中戏两校学习。可能它们的合力使我的创作不同于别人。我的"勇于不敢"一半来自这两座院校对我的教育。

再说回"任为第七十三"这幅画。到此时，我已经非常了解我能画成什么样的画了。在此之前，我不能画，不是手做不到，它并不难。但好的作品通常就是把平时不屑于做好的事情做好。觉悟到这一点，并不简单。为什么？因为往往你不屑于做好的，很可能是只有你能做到的。比如，我应该把下面这些事情继续做好。

首先，在前面"修观第五十四"这幅画的创作札记中，我已经阐明我画中主要技法彩色皴点的由来，就是我学习董源、范宽、王蒙、董其昌、石涛、龚贤的这条线索。我甚至学习石涛在纸上做文章，石涛有些画是把纸弄湿了再画。我是把纸做成半熟，再做上一层薄薄的底子，画出来的效果几乎相当于湿纸上作画。材料技法多的是，但是显然不可能都学，要有自己称手的一套。彩点皴与熟纸这两件事，我都能做，但我以往做得不够好。

第二，我的实践经验支持我在上述学习的基础上画一幅我想要的画了，但我一直没有进取心想画得更好。

第三，对于《道德经》的这次缓慢的学习，最深的感触是我的精神状态已经不再是妈妈刚去世时的状态了。

第四，这段时间，我每周六去听曹利群老师的21世纪音乐讲座。我对最先锋的音乐家们集体体现出的民族性，感到由衷钦佩。这种民族性和我产生了深刻的共鸣——苦难和积极的力量都体现在他们的巅峰作品之中，正如文人画画家中那些与世界不合作的隐修者，用他们的个性和天赋创造了艺术中的瑰宝。我读了大量的书，是时候凝聚起我内在的那股精气神了。

　　第五，最近十几年，日日临池，我对笔法、笔墨已经有所偏重。要把它用到画中。

　　第六，两年的漫长调理，使我终于魂定魄静，我已进入创作敏感期。我应该珍视这次机缘。

　　《道德经图》从画第一串珠子开始，我就一直跟着我的手走。我的手不触碰的技法和笔墨，那一定是它的"勇于不敢"。能做什么，不能做什么，我听它的。它现在能做得更好。

制惑第七十四
民不畏死
奈何以死懼之
若使民常畏死
而為奇者
吾得執
而殺之
孰敢
常有司殺者
夫代司殺者
是謂代大匠斲
夫代大匠斲者
希有不傷手矣

制惑第七十四

民不畏死，奈何以死惧之？若使民常畏死，而为奇者，吾得执而杀之，孰敢？常有司杀者。夫代司杀者，是谓代大匠斫。夫代大匠斫者，希有不伤手矣。

制惑第七十四

在"淳德第六十五"那一篇中，我提到一种技法叫"重奏簇皴"。它形象地用室内乐演奏比喻画中皴点的层次。例如，胭脂是小提琴，牡丹红是钢琴，曙红是大提琴。一笔胭脂盖在一笔曙红上，就像小提琴和大提琴重奏，声音绝不会混淆一样，两笔颜色也不会混淆。重奏会使音色更丰富、饱满，成簇的色彩也会显得更厚重，每种颜色正如每种声音一样，共时共存于同一单元中。这就是山水笔墨皴法自古以来的基本原则。

"簇皴"指的是几种颜色的组合表现出画面所需要的色彩倾向，不是调和好预设颜色后画上去一片，而是将不同颜色呈簇状皴点，并将视觉混合后的色彩倾向作为最后的结果。

范宽《溪山行旅图》中的那些数以万计的雨点皴，每一小簇中的每一笔，都是独立的。笔笔独立，可称之为皴法第一要诀。它也成为"重奏簇皴"的要诀。

事实上，董其昌、石涛的彩点已经证明了这一点。因此，我将用彩色皴点按"重奏簇皴"法画出的效果起名"点彩皴"。这样一目了然。

中国画的颜料分植物色和矿物色，或者叫透明色和不透明色。但国画讲究透气，即便用石青、石绿这类颜色很艳丽鲜明又覆盖力很强的矿物色，也是用胶调匀，然后一层一层画。每层颜色都不能厚，才能画得透明，所以每一层都能看得清。而植物色中有些根本称不上是颜料，它们大多是能溶于水的染料。植物色天然透明，所以"重奏簇皴"法画出的山水，天然透气。

如果深究我为什么要用"点彩皴"，还有一个根本不能回避的原因，就是在山水画中，染从来不是绘画课程的主要部分，甚至没有人系统教你如何染，虽然方法有的是，但从古至今，好画家们都是根据自己所学，用各自的方法染。事实上，染应该只取决于画家的色彩偏好。

与其追学古人的染法，不如观察古人的色法。其实即使色法也不是什么技法，仍旧是个人喜好。比如暖色和冷色的运用，青绿的画法，几乎每朝每代原则都会变，只是大致的经验总结而已。有人喜欢暗部点染很明丽的石青和石绿，让它们显得更加典雅和沉着。如果在亮部直接点染这些颜色，会觉得有些浮躁。我觉得这些陈腐的定式打破了一点关系也没有。

染色在我画的山水中只起到一点点辅助作用，我选择笔墨式的皴法来皴点颜色，这样画出的颜色我更喜欢。墨和色彩大面积染色，也可以染得典雅，这些技法是另外的内容，不在此展开。

山水画的笔墨好坏都在于勾勒与皴点。皴点都是一簇一簇的点和线组成的"重奏簇皴"。

"点彩皴"用笔自由、含蓄，色彩透明，富有诗意。它使笔墨意趣更加抽象。《道德经图》最后九章，构图都来自古人作品中的局部，已趋于抽象，都具有自然山水中提炼出来的假定性，能够用来表达私密的思想。

"制惑第七十四"这幅画，它看上去已不是以往的国画，是夸大的石涛和龚贤，但却是我想要的。

《道德经图》从本质上说，是我借用绘画形式完成个体生命情感体验的过程。这个过程中，其所借用的诗意的绘画形式，越来越风格化。

"制惑第七十四"这幅画最突出的地方是构图，前景和中景之间是由云雾分割的。但是中景最主要的景物却是被云雾隔开的前景中的几棵大树的上半截。这几棵树在近景和中景中同时出现。同时，中景中还有更远处的树和山。远景全部笼罩于云雾。

云烟雾霭如透明的白龙，它是飞在山水画中活的精灵。白龙转变了时空，是这幅画抽象的原因。小茅亭中的师徒二人正在讨论"代司杀者"[1]的不道，乾坤的气韵缭绕在他们周围。这个小亭子在天地、云雾之间，显得突兀、独立、荒诞。纯精神的世界，真清冷啊。

---

[1] 制惑第七十四。

贪损第七十五

民之饥，以其上食税之多，是以饥。民之难治，以其上有为，是以难治。民之轻死，以其求生之厚，是以轻死。夫唯无以生为者，是贤于贵生。

戒强第七十六
人之生也
柔弱
其死也坚强
萬物草木
之生也
柔弱
其死也
枯槁
故坚强者
死之徒
柔弱者
生之徒
是以兵强
則不胜
木强則共
强大處下
柔弱處上
戊戌叔伏
之晨敬抄
作英

戒强第七十六

　　人之生也柔弱，其死也坚强。万物草木之生也柔脆，其死也枯槁。故坚强者死之徒，柔弱者生之徒。是以兵强则不胜，木强则共。强大处下，柔弱处上。

戒强第七十六

人生"不如意事常八九，可与语人无二三"[1]。比如，妈妈从来不表扬我。再比如，奶奶最后那些年，我很少去看望她老人家，更没想到给奶奶买些中意的礼物。这些都是"可与语人"的，还有太多噩梦、不堪和羞耻，以及那些泡影般的美丽假象是根本说不出口的。

我开始反思，这么多年来，为什么一直没有皈依佛门？

我是创作者，需要智慧。创作者是智慧的体验者。我目前所有完成的作品，都是凭借一己之力克服痛苦、脆弱和恐惧，逐渐找到内心的力量。比如《道德经图》《神学院札记》《食指肖像》《圆明园诗社》和我的一些自画像……它们一方面记录了我所看到的或者我亲身经历的某些挣扎、痛苦和压迫，另一方面，也是最重要的，就是它们伴随我一次次成长，一

---

[1] 钱锺书《宋诗选注》中介绍，方岳（1199—1262）字巨山，自号秋崖，祁门人。南宋后期，他的诗名很大。他从江西派入手，后来很受杨万里、范成大的影响。他有把典故成语组织为新巧对偶的习惯，例如元明以来戏曲和小说里常见的"不如意事常八九，可与语人无二三"这一联，就是他的诗句。

次次回归到精神，但总觉得并未获究竟觉悟。

"柔弱者生之徒。"[1]读《道德经》和画《道德经图》，记录了妈妈离去后我的自我拯救的生活。这个创作过程的前二分之一，每天都伴随突如其来的悲恸。在这艰难的二分之一过程中，我尽力换来的只是微不足道的一幅幅小画。接下来的二分之一，痛苦的振幅小了很多，是道的力量帮我渡过了难关并且超越了自己。

---

[1] 戒强第七十六。

天道第七十七

　　天之道，其犹张弓乎？高者抑之，下者举之，有余者损之，不足者益之。天之道损有余而补不足，人之道则不然，损不足以奉有余。孰能有余以奉天下？唯有道者。是以圣人为而不恃，功成而不处，其不欲见贤。

天下柔弱莫过于水，而攻坚强者莫之能胜，其无以易之。弱之胜强，柔之胜刚，天下莫不知，莫能行，故圣人云：受国之垢，是谓社稷主；受国之不祥，是谓天下王。正言若反。

任信第七十八

　　天下柔弱莫过于水，而攻坚强者莫之能胜，其无以易之。弱之胜强，柔之胜刚，天下莫不知，莫能行，故圣人云：受国之垢，是谓社稷主；受国之不祥，是谓天下王。正言若反。

任契第七十九

　　和大怨，必有余怨，安可以为善。是以圣人执左契，而不责于人。有德司契，无德司彻。天道无亲，常与善人。

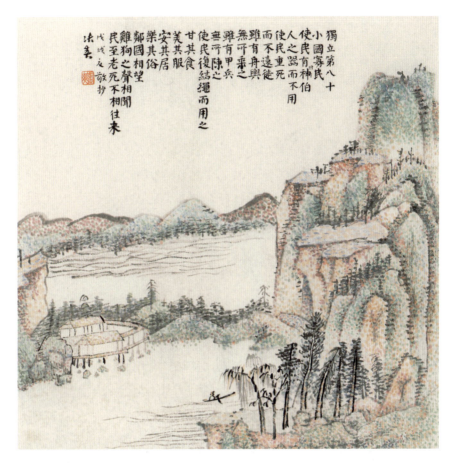

独立第八十

　　小国寡民，使〔民〕有什伯，人之器而不用。使民重死，而不远徙。虽有舟舆，无所乘之；虽有甲兵，无所陈之，使民复结绳而用之。甘其食，美其服，安其居，乐其俗。邻国相望，鸡狗之声相闻，民至老〔死〕不相往来。

顯覽第八十一

信言不美
美言不信
善者不辯
辯者不善
知者不博
博者不知
聖人不積
既以為人
己愈有
既以與人
己愈多
天之道
利而不害
聖人之道
為而不爭

戊戌初秋敬抄
決英

显质第八十一

　　信言不美，美言不信。善者不辩，辩者不善。知者不博，博者不知。圣人不积。既以为人，己愈有；既以与人，己愈多。天之道，利而不害。圣人之道，为而不争。